POR TRÁS DO VÉU

Esmie G. Branner

Dedicatória

Este livro é dedicado aos meus filhos Javid, Taariq, Adam, Aisha e Zaina.

Filhos, não tenham medo do futuro, a menos que se esqueçam da maneira como Deus nos conduziu no passado. Amem ao Senhor e aos semelhantes, sejam obedientes e fiéis ao nosso Senhor e Salvador Jesus Cristo. Depois, vocês herdarão o reino do Céu, e a alegria será total e completa.

POR TRÁS DO VÉU

Esmie G. Branner

Tradução
Marcelo Dias

Casa Publicadora Brasileira
Tatuí, SP

Título original em inglês:
BEYOND THE VEIL OF DARKNESS

*Direitos de tradução e publicação em
língua portuguesa reservados à*
CASA PUBLICADORA BRASILEIRA
Rodovia SP 127 – km 106
Caixa Postal 34 – 18270-970 – Tatuí, SP
Tel.: (15) 3205-8800 – Fax: (15) 3205-8900
Atendimento ao cliente: (15) 3205-8888
Internet: www.cpb.com.br

3ª edição
7ª impressão
2021

Editoração: Neila D. Oliveira e Rubem Scheffel
Projeto Gráfico: Vilma Baldin
Programação Visual: Renan Martin
Capa: Pacific Press (foto da autora)
Adaptação: Vilma Baldin

IMPRESSO NO BRASIL / *Printed in Brazil*

Dados Internacionais de Catalogação na Publicação (CIP)
(Câmara Brasileira do Livro, SP, Brasil)

Branner, Esmie Glenora, 1960-
Por trás do véu / Esmie G. Branner ; tradução
Marcelo Dias. – 3. ed. – Tatuí, SP : Casa
Publicadora Brasileira, 2012.

Título original: Beyond the veil of darkness.

1. Biografias cristãs 2. Branner, Esmie
Glenora, 1960 3. Casamento interconfessional
4. Cristãos convertidos do Islamismo 5. Cristianismo
e outras religiões – Islamismo 6. Islamismo –
Relações – Cristianismo I. Título.

12-11217 CDD-270.092

Índices para catálogo sistemático:
1. Cristãos convertidos do Islamismo :
Biografia 270.092

Os textos bíblicos citados neste livro foram extraídos da versão Almeida
Revista e Atualizada, salvo outra indicação.

Tipologia: Fairfield, 11,6/15 – 7502/44209 – ISBN 978-85-345-1677-8

Sumário

1

Novo Começo

Era uma manhã ensolarada. Quando acordei para enfrentar o dia em que estava certa de que morreria, meu coração se regozijava na nova experiência com o Senhor. Refletia na impressionante Santa Ceia à luz de velas da noite anterior. Tudo parecia tão perfeito. Tudo, exceto a realidade de que as forças do mal estavam atuando contra mim e a ameaça de morte era iminente. Pela primeira vez na minha vida, estava depositando toda a confiança no Senhor – alguém a quem nunca havia visto.

Como seguidores de Cristo, frequentemente só O deixamos realizar as coisas que nos parecem possíveis, aquelas coisas que podem ser vistas e explicadas pela lógica. Quando pedimos a Deus para fazer o impossível, geralmente desacreditamos antes mesmo de Ele agir e, raramente, chegamos ao ponto de O conhecermos o suficiente para ter a fé fortalecida. Quando Jacó lutou com Deus, não desistiu até que recebesse a bênção divina (Gn 32:24-30). O momento decisivo havia chegado para mim. Ou ficava firme e provava a Deus, ou "deixava rolar" e nunca saberia da verdadeira existência de Deus na minha vida.

Essa era uma decisão muito difícil. Minha vida estava por um fio.

Não queria morrer e falei para o Senhor sobre esse meu desejo. Pedi a Deus que salvasse os meus filhos para o Seu reino. Tinha tomado a decisão mais importante da minha vida e resolvido que, mesmo em face da morte, não voltaria atrás.

A perspectiva de perder o esposo e nunca mais ver os três filhos e duas filhas era muito real quando decidi sustentar o compromisso mais importante que havia assumido até aquele momento – a decisão que mudaria para sempre a minha vida e a de meu esposo e filhos. Não podia abandonar os planos; tinha ido longe demais para abandonar o Senhor Jesus.

Já estava com a decisão tomada, fazia várias semanas, quando chegou o momento de contar para o meu esposo. Mohamed parecia ter sofrido uma completa mudança de personalidade. Ameaçou divorciar-se e levar os filhos consigo. Quando mencionei que precisava de roupas para ir à igreja, todo o dinheiro foi retirado da conta bancária. A decisão de seguir a Cristo mostrou-me quão nua eu estava, não só espiritual, mas literalmente também. Nada havia no meu guarda-roupa que fosse apropriado para uma cristã vestir. As melhores roupas eram ou para festas ou para danceterias, e as roupas do dia a dia não eram do tipo que me sentiria à vontade para ir à igreja. Acredito que tudo que vestimos deve honrar a Deus e falar do nosso relacionamento com Jesus. Ali estava eu, por assim dizer, nua e sem dinheiro.

Poucos dias antes do batismo, Mohamed mostrou-me uma faca, com a qual me feriria o coração, se eu continuasse fazendo a família passar por essa humilhação. Ele parou de comprar comida e providenciava só o estritamente necessário.

Apesar de tudo, a promessa divina de que o pão e a água seriam certos me sustentou, e decidi ensinar secretamente meus filhos acerca do verdadeiro Deus e contar-lhes as histórias da Bíblia. Eles adoravam e sempre queriam ouvir mais.

As ameaças de Mohamed não foram suficientes para que eu desistisse. Tinha tomado a decisão de ser batizada, e queria fazer isso se tornar realidade mesmo que fosse o meu último ato na vida. Percebi, estudando a Palavra de Deus, que estava recebendo poder para continuar. Mas existia um pouco de medo no ar. E se Jesus não escolhesse manter a minha vida? Quem iria educar meus filhos e ensiná-los a respeito de Deus? Senti uma pequena guerra dentro de mim. A batalha espiritual era real. Essa foi a maior prova. Minha vida estava por um fio, e eu só estava nos primeiros estágios do meu relacionamento com o Senhor. Gostaria que meus filhos presenciassem o batismo. Mas Mohamed ameaçava seriamente me matar. Tinha medo dele e senti que não o conhecia suficientemente para saber o que ele seria capaz de fazer naquelas circunstâncias.

Querendo ou não, eu me questionava se valeria a pena ser batizada e morrer. Lembro-me de estar à mesa da sala de jantar refletindo sobre tudo isso e com muitas dúvidas em minha mente.

"E se Deus não fosse real?"

"Valeria a pena arriscar tanto?"

"Como posso saber se Deus de fato existe?"

De repente, senti-me iluminada. Era como se ouvisse uma voz suave, calma e clara dizendo: "Se você não confiar nEle até o fim, nunca saberá, certo?"

Lembrei-me de que em diversas provações eu havia desistido antes de ver o resultado final, sem ter paciência para esperar e ver se Deus iria interferir. Acredito que esse foi um dos fatores que contribuíram para me distanciar de Cristo e da igreja. Nunca antes havia conhecido a Jesus como um amigo e aprendido a confiar ou entregar a minha vida a Ele. Qual seria o resultado agora? Tinha que aprender a confiar, estar certa de que Deus seria vitorioso. Finalmente, a fé predominou e eu disse: "Se perecer, pereci." Decidi morrer por amor a Cristo, e errar do lado certo, em vez de errar do outro lado. Concordei com o apóstolo Paulo, em Filipenses 1:21: "Porquanto, para mim, o viver é Cristo, e o morrer é lucro."

Na santa ceia, da última sexta à noite antes do batismo, testemunhei da bondade de Deus para comigo e expressei o desejo de que meus filhos me acompanhassem à igreja e vissem minha imersão nas águas batismais. Senti muita segurança ao voltar para casa, achando que Jesus faria algo especial por meus filhos e por mim.

Os detalhes de como imaginava a ocasião feliz passaram e repassaram diversas vezes pela minha mente no caminho para casa. Decidi perguntar a Mohamed se deixaria as crianças irem para a igreja comigo no dia seguinte. Aparentemente cansado de ouvir minha insistência, ele levantou o punho e me atingiu no rosto. Aquela reação nos surpreendeu. Jamais agira daquela forma. Não o reconhecia, de tão violento. Evidentemente, ele não estava no controle de si mesmo; um outro espírito o controlava. Percebi isso e o Senhor me deu forças para olhar para ele com amor e perdão.

À medida que recordava os eventos que levaram a esse momento, cada vez ficava mais claro para mim como a mão de Deus havia me dirigido, ainda que O tivesse excluído dos meus planos e da minha vida durante anos.

Nasci e cresci num lar adventista. Éramos oito filhos – quatro meninos e quatro meninas. Nosso lar em Gloucester, interior da Inglaterra, era confortável, aconchegante e acolhedor. Era uma típica família cristã devota. A religião tinha um papel fundamental em nossa vida, e os filhos aprenderam a ir à igreja e participar regularmente dos cultos. Fui batizada aos treze anos, com alguns dos amigos da igreja. Nunca tinha analisado muito aquele ritual; era simplesmente parte da minha educação.

Ao sair de casa alguns anos mais tarde, aos dezessete, para estudar enfermagem em Surrey, perto de Londres, passei a ter uma liberdade com a qual não estava acostumada. Ninguém estava lá para me dizer o que fazer; eu tomava as decisões. Ia, vestia, fazia e escolhia os amigos que queria. Minha vida girava em torno de festas. O único propósito era me divertir, divertir e divertir. Antes que percebesse, estava bebendo e fumando.

Não havia tempo para religião; a vida era muito excitante. Pensava que por ter sido criada num lar cristão, tudo ia ficar bem.

Poderia viver no limite porque eu estava no controle; sabia quão longe poderia ir sem me machucar. Imaginava que não cairia nas ciladas em que outros haviam sido apanhados. Afinal de contas, minha família orava constantemente e Deus certamente responderia àquelas orações por mim.

Foi nessa época que conheci Mohamed, um dos percussionistas da banda do meu irmão. Quando assisti ao ensaio do grupo, certa noite, ali estava ele – alto e bonito, com olhos e cabelos escuros e aquele olhar árabe misterioso e cativante. Amor à primeira vista. Quando nossos olhares se encontraram, pude sentir a atração.

Mohamed convidou-me para sair naquela semana. Era muito comunicativo. E não levou muito tempo para dizer que eu seria sua esposa. Ele era o homem dos meus sonhos, e eu estava perdidamente apaixonada. Sentimentos de paixão e amor tomaram conta de mim. Não conseguia tirá-lo de minha mente nem durante as aulas de enfermagem. À medida que nossa amizade crescia, lembro-me de ter dito a Deus que Mohamed era o homem que eu queria e que lutaria para tê-lo, não importava o que fosse preciso. Acho que fui como Sansão, que deixou sua atração por Dalila obscurecer a razão. Não imaginava naquela época que estava prestes a aprender uma dura lição por deixar Deus fora dos meus planos.

Durante o namoro, Mohamed e eu conversamos sobre várias coisas, mas nunca sobre religião. Eu tinha somente 19 anos e logo fiquei grávida. Tentei desesperadamente voltar para a igreja, pois precisava que o Senhor me perdoasse e me ajudasse. Parei com o curso de enfermagem faltando apenas seis meses para terminar.

Deixei a cidade de Surrey e voltei para Gloucester, onde Mohamed e minha família moravam. Não estava mais na lista de membros da minha igreja. Não me deixavam cantar ou participar de qualquer atividade. Aquilo me machucou muito. Estava me sentindo rejeitada. Tinha vergonha de minha barriga crescida. Carregava ainda sentimentos de culpa, uma vez que tinha desapontado minha família, a igreja e os amigos.

Olhando para trás, hoje, entendo a razão para esse tipo de resposta da igreja em relação a adolescentes grávidas. É bom saber que Deus está disposto a fechar um olho em nossos momentos de ignorância (At 17:30). Adolescentes grávidas são comuns em nossas igrejas, mas atualmente muitas abortam para manter o segredo e a aparência de um "bom cristão". Outras, que escolhem não esconder, são rejeitadas e ridicularizadas por alguns membros.

As igrejas precisam educar os jovens a respeito de temas sexuais e espiritualidade. E os adultos devem ser educados para saber como receber e aceitar mães solteiras e encorajá-las e mantê-las na igreja ou assisti-las se não continuarem ali. O sexo não era um assunto abordado em minha igreja, e o número de adolescentes grávidas aumentava a cada ano.

Pouco antes do meu filho nascer, Mohamed e eu decidimos morar juntos. Cinco meses depois desse filho nascer, fiquei grávida novamente, mas desta vez de gêmeos. Durante essa gravidez, Mohamed passou seis meses na Índia. Seus pais queriam que arrumasse uma esposa muçulmana. Eu não sabia disso naquela época. Ele voltou em tempo para o nascimento dos gêmeos. Eram três filhos agora.

Três semanas depois que os gêmeos nasceram, meus pais se mudaram para os Estados Unidos. Eu tinha muita saudade deles. Pouco depois disso, Mohamed viajou novamente, mas desta vez para o Canadá, afim de ficar com sua irmã. Acho que ele estava em estado de choque por ter tantos filhos em apenas dois anos.

Quando ele saiu, senti-me sozinha e comecei a orar novamente. "O que fazer? Para onde ir?", perguntava a Deus. Meus pais sempre me convidavam para morar nos Estados Unidos e começar tudo de novo. Naquele momento, achei que seria uma boa ideia. Estava cansada de Mohamed ser um pai tão inconstante. Assim, fui para os Estados Unidos com os três filhos. Tive uma sensação de liberdade, um novo capítulo em minha vida estava começando. Ninguém sabia quem eu era ou como fora meu passado. Estava preparada para educar meus filhos sozinha.

Tinha falado para Mohamed que precisava continuar com a minha vida. Ele estava aborrecido comigo e passou a falar em ser mais constante na vida dos seus filhos. Até conversou sobre casamento. Falei que achava que não daria certo porque tínhamos crenças diferentes. Mais uma vez ele começou a mexer com o meu coração, e em seis semanas imigrou para os Estados Unidos. Mal havia chegado e começamos a planejar o casamento, para desespero dos meus pais.

Planejamos educar os meninos dentro de uma perspectiva tanto cristã quanto islâmica e, quando se tornassem mais velhos, poderiam optar entre uma e outra religião. Todos os planos foram feitos sem consultar o Senhor, na correria, e no dia 28 de julho de 1982 havíamos nos casado no civil e numa mesquita local. A bênção cristã que eu havia imaginado nunca aconteceu.

Olhando para trás, pergunto-me como Deus poderia ter abençoado o que havia proibido. Deus disse que não deveríamos nos pôr em jugo desigual com incrédulos (2Co 6:14). Mesmo que vocês tenham filhos juntos isso não dá o direito de tentar modificar o que Deus já proibiu. Sexo fora do casamento é fornicação. Tentar corrigir esse pecado casando com um incrédulo só faz as coisas piorarem. Exatamente o que aconteceu no meu caso.

Dois erros não fazem um acerto, foi uma dura lição que tive de aprender. Mesmo que você erre e tenha um filho, isso não significa que deva se casar com seu parceiro. Meu conselho é não cometer o erro que cometi, mesmo que a outra pessoa seja da igreja. Pense bastante se a pessoa com quem está se relacionando será um bom marido. Não corra para entrar num casamento do qual depois irá se arrepender.

A quem conhece pessoas nessa situação, digo: simplesmente lembre-se de que elas precisam sentir amor verdadeiro e aceitação de sua parte. Às pessoas envolvidas, meu conselho é: mesmo que o seu nome seja excluído do livro da igreja, não fique com raiva. Dedique tempo para reavaliar sua caminhada com o Senhor. Renove seu concerto com Deus – a igreja o receberá de volta. As pessoas nem sempre agem da melhor forma na igreja, mas o trigo e o joio precisam crescer juntos até a hora da colheita. Ao voltar para o Senhor, você aprenderá a amar até mesmo aqueles que disseram coisas muito desagradáveis a seu respeito.

Apesar de serem duras as consequências dos pecados que cometemos, maior ainda é a vitória sobre todo tipo de pecado. Deus pode ajudar você a aceitar sua situação e enfrentar as consequências. Crucificamos Jesus novamente toda vez que caímos, mas Ele nos dá coragem e poder para lidar com as consequências das nossas escolhas. É por isso que Jesus passou pela morte que nós merecíamos. Para que quando caíssemos, pudéssemos nos humilhar, arrepender-nos, pedir perdão e buscar a vontade de Deus mais uma vez.

Mohamed era daquele tipo quieto de pessoa. Logo ficou evidente para mim que eu pouco conhecia a pessoa com quem havia me casado e vice-versa. Nosso passado era mistério um para o outro. Um dos poucos detalhes que sabia sobre ele é que gostaria de ter vários filhos. Quando nossas crianças nasceram ele estava lá e foi a primeira pessoa a segurá-los. Sempre pegava o bebê logo depois de nascer, ia em direção à janela do berçário e cochichava algo no ouvido da criança. Parecia tão amável. Eu não sabia que ele estava repetindo o chamado islâmico para a oração, que significava que o bebê se tornava um muçulmano daquele momento em diante.

Mohamed e eu nunca discutíamos – tudo parecia maravilhoso. Depois de alguns anos nos Estados Unidos, tivemos mais duas meninas. Mohamed era firme com os meninos, mas as meninas gostavam muito dele.

Nos primeiros anos de nosso casamento, nenhum de nós permaneceu muito fiel à religião de nossos pais. Continuávamos com o pensamento de que ensinaríamos as duas religiões aos nossos filhos para terem uma certa base e poderem escolher quando fossem adultos. Esforçávamo-nos para acreditar que isso seria o melhor.

A essa altura, eu ia à igreja esporadicamente e a decisão de ensinar a meus filhos sobre o cristianismo não passava de uma boa intenção. Mohamed, no entanto, passou a ensinar o alfabeto árabe aos meninos, quando eram ainda bem pequenos. Com o tempo, adicionou orações árabes e alguns ensinamentos islâmicos. Os meninos logo começaram a orar em árabe. Essa influência logo passou a ser notada em nosso lar. Eu estava tão distante de Deus que não enxergava o poder que estava controlando nossa casa.

Às vezes, sentia o Espírito Santo tentando me convencer a deixar Cristo entrar na minha vida, mas de alguma forma sentia que isso causaria problemas em nosso lar. Queria muito manter a atmosfera harmoniosa. Algumas vezes falei para Mohamed que queria ir à igreja e levar as crianças, mas ele respondia: "Se você for, nunca mais os verá." Quando ele falava aquilo, eu sentia medo, mas ele sorria em seguida como se estivesse brincando. Porém, atrás dessa expressão exterior eu percebia algo muito mais sério.

Cerca de um ano depois do nascimento da nossa segunda filha, senti mais uma vez o Espírito Santo tentando me convencer a voltar para o Senhor. Dessa vez, contudo, foi diferente. Havia um sentimento de urgência acompanhado de uma sensação de ameaça e medo da morte. Imaginei o que aconteceria se morresse e me perdesse. O que aconteceria com os meus filhos, especialmente pelo fato de não terem qualquer conhecimento a respeito de Cristo. Eu havia negligenciado a tarefa de ensiná-los sobre Aquele que os amava infinitamente mais do que eu mesma seria capaz. Havia falhado na responsabilidade mais importante de uma mãe. Sabia que tinha que fazer alguma coisa rapidamente. Era uma emergência restabelecer o meu relacionamento com Cristo. Não importavam os efeitos que essa decisão poderia ter sobre o meu casamento. Voltar para o Senhor era, agora, a prioridade.

Como pude privar meus filhos da experiência de conhecer a Deus, o que me fora tão importante quando criança? Quando sentia aquela saudade intensa de Cristo, era como se pudesse ouvir a voz dos professores da Escola Sabatina no jardim da infância contando histórias de Jesus. Em minha mente, podia ver como se estivesse sentada numa daquelas cadeirinhas, observando as figuras no flanelógrafo. Queria a mesma experiência para os meus filhos, a mesma alegria que tive ao crescer num lar cristão.

Enquanto isso, Mohamed ensinava às crianças cada vez mais sobre o islamismo. Era evidente para mim que as crianças não estavam felizes. Olhava dentro daqueles olhinhos e não encontrava alegria. Aqueles estudos eram muito cansativos. Não entendiam a língua; não sabiam o que as orações significavam. Mohamed com frequência perdia a paciência e usava tapas para corrigi-los na memorização das orações.

A tristeza de meus filhos, suas lágrimas dia após dia eram mais do que eu podia suportar. Eram forçados a ficar sentados por longos períodos para aprender trechos das orações; e isso era difícil para eles. Queria muito fazer alguma coisa, mas não sabia o quê. Deveria sair de casa com as crianças? Mas, para onde? O que Mohamed faria comigo? Estava cada vez mais infeliz com o casamento. Perguntava: "É isto mesmo que eu quero? Isto é casamento?"

Persistia uma nuvem pesada e negra sobre minha união com Mohamed. Estava colhendo as consequências da escolha de um cônjuge errado. O que eu pensara que seria ouro fino, era na verdade bronze opaco. A paixão, a atração já não existiam mais e me encontrava sozinha para enfrentar a vida.

Nada tínhamos em comum além das crianças. Não nos comunicávamos bem. Minha triste vida não passava de tédio, mas o meu passado cristão não me deixava largar o marido. Casamento era para a vida toda, e por isso decidi fazer o meu melhor naquela situação. Mas precisava de ajuda, e havia abandonado a única que eu tinha: Cristo.

As dificuldades pelas quais eu estava passando afetavam-me física, mental e espiritualmente. Passei a sofrer de disritmia cardíaca, e me sentia fraca e exausta a maior parte do tempo. O estresse era devastador. Estava constantemente com medo de morrer e deixava meus filhos sem a âncora segura que pode ser encontrada somente em Jesus. Encontrei-me clamando em minha angústia: "Ó Jesus, se Tu és real e se és misericordioso, ajuda-me! Não sei para onde me virar em busca de ajuda." Em meu coração, sabia que se houvesse uma resposta para aqueles problemas, ela se encontraria em Jesus. Eu estava tão longe dEle que não sabia se ouviria e responderia às minhas orações.

2

Em Direção à Luz

O turno da noite havia acabado e eu estava indo para casa. O reflexo do sol alaranjado no carro era tão claro que parecia que estava pegando fogo. Por mais sem sentido que isso possa parecer, foi o que causou uma sensação de medo no meu coração que quase me fez perder o controle do carro. Sempre imaginava que iria morrer e tinha muito medo.

Uma noite, quando estava na cama, parecia que uma voz em minha mente estava dizendo: "Esmie, você não está morrendo fisicamente; você está morrendo espiritualmente." Fiquei chocada! Comecei a pensar que estava ficando louca. Mas não podia esquecer a realidade do que havia acontecido. Foi diferente – firme, porém gentil! Pensei muito sobre aquelas palavras e percebi que havia muita verdade nelas. Não sabia, no entanto, o que fazer com a minha situação aparentemente sem esperança.

Duas noites depois, sonhei que havia encontrado meu falecido pai num quarto inundado com luz. Ele estava comendo pão e implorei para que o repartisse comigo. Ao invés de me dar um pedaço, porém, apontou para uma janela arqueada. Quando olhei para fora e vi o céu azul, ali estava Jesus me chamando. Eu queria um pouco daquele pão delicioso, mas o meu pai balançava a cabeça indicando que teria que recebê-lo diretamente de Jesus. Àquela altura sabia que Jesus estava me chamando da escuridão espiritual para a Sua luz. E era um chamado urgente.

Algum tempo depois, comecei a ler um livro chamado *Caminho a Cristo*, que minha mãe havia colocado na mala quando saí de casa. O livro cativou-me e me prendeu até o fim. Era exatamente o que eu precisava. Cada palavra, frase, parágrafo parecia ter sido escrito para mim. Fiquei maravilhada ao descobrir quanto Jesus sabia sobre a minha vida e podia inspirar a autora a escrever um livro para suprir as minhas necessidades. Perguntava-me: "Quem é este Deus que me conhece tanto?" Minha amiga de trabalho, Olga Smith, sugeriu outro livro, *O Desejado de Todas as Nações*, escrito pela mesma autora. Esse contava a história de Jesus. À medida que lia o livro, meu coração começou a se derreter. A luz começava a brilhar, e eu queria mais. Parecia que nunca era suficiente para minha recuperação espiritual. Antes, não gostava de ler, mas ao orar por sabedoria, o Senhor havia me dado vontade de ler e de conhecê-Lo cada vez mais.

Quanto mais lia, mais desejo pelas coisas espirituais eu tinha. Senti uma força me puxando para perto de Cristo e da igreja. Desenvolvi uma fome intensa pelas coisas espirituais. À medida que as semanas se passavam, senti muita saudade das experiências espirituais de quando era jovem. Queria me juntar à congregação e cantar. Queria cantar aqueles hinos antigos: "Bendita Segurança" e "Jesus me Remiu". Sabia que Jesus estava me buscando para Ele.

Passei a cantar os hinos antigos, que havia aprendido quando criança. Comecei a ouvir a minha própria voz e sentir que Deus me guiava com aquelas mensagens simples. Pedi a Deus que abençoasse a minha voz para que pudesse cantar para Sua honra e glória, mas a resposta positiva só veio anos mais tarde, após ter passado por provas e ter chegado ao ponto de negar a mim mesma.

Quando comecei a buscá-Lo diariamente, minha fé se fortaleceu. Ele deixou evidente através de Suas promessas que não seria necessário fugir, mas que nos livraria do islamismo. Algumas perguntas ainda rondavam minha mente: "Como poderia contar a

Mohamed o que estava acontecendo comigo? Como poderia ir à igreja?" Havia momentos de dúvida, porque eu queria agradar meu marido e, ao mesmo tempo, o que fazia o perturbava. Mas eu não queria mais ignorar o chamado do Espírito Santo. Decidi, pela fé, voltar a frequentar a igreja sozinha.

Uma quarta-feira à noite, no inverno de 1987, resolvi ir à Igreja Adventista em Hartford, Connecticut. Ao me aproximar das portas de entrada, senti-me como uma filha pródiga voltando para o pai de amor. Apesar de os membros não me conhecerem, eram calorosos e amáveis, e me senti em casa novamente. Quando cantaram "Bendita Hora de Oração", senti-me calma e como se estivesse em meu lar.

O estudo, naquela noite, foi sobre o livro do Apocalipse. Ouvi verdades que nunca havia ouvido antes. Pensava que sabia tudo, pelo fato de ter crescido na igreja adventista. Paz e uma força interior começaram a surgir em mim. Minha vida estava mudando rapidamente. Deus realmente estava vivo! Era real! Podia sentir Seu carinho conduzindo a minha vida. Suas palavras eram verdade e meu coração estava convicto disso.

A Bíblia era vida para mim. Naquelas páginas podia ouvir Deus me falando: "Este é o caminho; ande nele." Gastei muitos dias caminhando e conversando com Ele, discutindo e contando sobre os meus medos. Podia sentir a grande batalha que estava à minha frente, e precisava de toda força que podia reunir para enfrentá-la.

Expressei que gostaria de participar do coral da igreja e me falaram de uma classe batismal para que fosse rebatizada primeiro. Eu achava que deveria ser rebatizada, já que tinha me afastado tanto de Deus. Queria contar ao mundo que estava escolhendo agora um novo caminho. Participei da série de estudos bíblicos intitulada "Amazing Facts" [Fatos Maravilhosos] e Deus me mostrou que deveria dedicar a minha vida renovada a Ele.

Logo terminei as lições da classe batismal e estava pronta para o batismo. Queria tanto que meus filhos presenciassem essa ocasião.

A meu ver, tinha sido uma boa mãe, exceto que não tinha ensinado a meus filhos a respeito de Cristo. Agora que era cristã, eu estava mais consciente da responsabilidade pela espiritualidade deles. No momento em que decidi introduzir o cristianismo como parte da minha vida, tentei testemunhar para Mohamed acerca de Jesus Cristo, mas ele exigiu que nunca mais sugerisse que Jesus era Senhor e Salvador. Para Mohamed, Jesus era simplesmente um profeta.

3

Que Dia!

A beleza deste novo dia – o sábado do Senhor – e o arrepio que corria pela minha coluna trouxeram-me de volta à realidade. À medida que vários pensamentos passavam pela minha mente, concluía que havia tomado a decisão certa. Hoje era o dia planejado para o meu batismo. Não sabia por que a semana havia sido tão terrível. Quando abri a Palavra de Deus, o Espírito Santo falou a mim, através do livro de Lucas, capítulo 12, versos 50 e 51: "Tenho, porém, um batismo com o qual hei de ser batizado; e quanto me angustio até que o mesmo se realize! Supondes que vim para dar paz à terra? Não, Eu vo-lo afirmo; antes, divisão."

Entendi que era a voz de Deus explicando as dificuldades que eu vinha encontrando desde a decisão de segui-Lo e louvei o Senhor por ter-me esclarecido essas coisas. Lágrimas de alegria e gratidão rolaram em meu rosto porque entendi que Jesus me amava tanto que me protegera mesmo em meu estado pecaminoso, quando estava tão distante dEle. Preservou-me, mesmo não sendo merecedora. Arrependi-me profundamente pelos meus pecados e minha vida passada longe dEle.

Jesus mostrou-me que era um arrependimento verdadeiro. Contei que nunca poderia compensar a dor que nEle havia causado. Só o que tinha para entregar era eu mesma, e isso era tudo que Ele queria.

Tinha o desejo de obedecer-Lhe e fazer tudo que me ordenasse. Concluí que simplesmente tinha que agradar ao meu querido Jesus.

Nesse momento, ouvi Mohamed se mexer. Sabia que estava acordado e o medo tomou conta de mim. Propositalmente deixei roupas separadas para as crianças vestirem em sua primeira vez que fossem à igreja. Estava determinada a levá-las para que pudessem testemunhar o meu batismo. Mohamed sabia disso, mas um milagre aconteceu diante dos meus olhos. Uma paz miraculosa tomou conta de Mohamed naquela manhã enquanto se arrumava e saía para trabalhar.

Mais uma vez louvei o Senhor por Seu poder e Sua proteção. Acordei as crianças rapidamente, fizemos o culto e começamos a nos aprontar para ir à igreja. Mohamed tinha levado o carro, então decidimos ir a pé. O bebê estava no carrinho, e os outros quatro ao meu lado. Com o coração cheio de gratidão a Deus pela resposta à minha oração de uma forma miraculosa, meus passos eram leves e os cinco quilômetros de caminhada para a igreja pareciam um preço muito pequeno.

Quando chegamos, os membros nos recepcionaram cordialmente; estavam felizes por verem as crianças. Elas se comportavam muito bem. Mesmo sem estarem acostumadas a ficar sentadas durante o culto, ficaram quietas e prestaram atenção a tudo. Alguns membros ajudaram a tomar conta das crianças também. Minha irmã, que havia começado a frequentar a igreja após ter visto o resultado na minha vida, foi outra que ajudou naquele dia. O Senhor nos abençoou e o culto foi muito bonito.

Depois do batismo, o pastor fez um apelo para outros que quisessem participar da classe batismal para um futuro batismo. Qual não foi a minha surpresa ao ver Javid, meu filho mais velho, com oito anos de idade, ficar em pé, erguer a mão e lágrimas descerem pelo seu rosto, indicando que gostaria de ser batizado.

Em seguida, Javid se matriculou na classe batismal. Quando Mohamed ficou sabendo, falou para ele que nunca mais o chamasse de pai. Foi difícil para o meu filho naquela idade ouvir essas palavras duras de seu pai. Com exceção das lições de árabe, ele gostava muito da companhia do pai. Foi difícil passar por aquilo, mas ele orou a Deus e foi confortado por Sua Palavra.

Dei uma Bíblia para Javid e disse para ficar a sós com Deus um pouco. Quando voltou, ele leu 1 Pedro 1:7 e disse: "Mãe, eu posso não ter um pai aqui na Terra, mas tenho um no Céu."

Meu coração se alegrou ao ouvir aquilo. Javid terminou a classe, confirmou a decisão e foi batizado.

Certa manhã, quando fazíamos o culto, Adam, um dos gêmeos, contou-me sobre um sonho estranho que tivera naquela noite. Sonhou que enquanto eu estava trabalhando alguém bateu à porta do nosso apartamento. Seu pai estava na sala e abriu a porta. À porta estava alguém alto e que irradiava uma luz muito forte. Os três filhos conseguiam olhar para a luz sem sofrer qualquer consequência, mas o pai olhou para a luz e ficou cego.

Imediatamente identifiquei que esse sonho vinha do Espírito Santo. A luz do Céu estava começando a brilhar em nosso lar. Meus filhos e eu estávamos recebendo a luz enquanto Mohamed havia decidido rejeitá-la.

A decisão de Javid ser batizado deu início a outra série de problemas em nossa família. Mohamed passou a me agredir fisicamente. Parou de comprar comida e não deixava o carro mais comigo. Porém, toda vez que orávamos, algum membro da igreja batia à porta trazendo exatamente o que precisávamos.

Nossa fé estava se fortalecendo cada vez mais à medida que presenciávamos a intervenção do Senhor em nossa vida diariamente. Dedicamo-nos a servi-Lo todos os dias de nossa vida, e nossa recompensa veio na forma de muitas bênçãos.

O Espírito Santo fez pelos meus filhos o que eu jamais poderia ter feito. Por exemplo, eu nunca poderia ter revertido os ensinamentos islâmicos. Mas o Espírito Santo estava tornando a verdade muito clara para eles.

4

Chamado Para Avançar

À medida que a alegria em Cristo se tornava mais e mais parte da minha vida, Mohamed tornava-se mais indiferente para comigo. Às vezes agia como se eu não existisse. Passava boa parte do tempo na mesquita com os amigos sauditas. Queria ter um relacionamento melhor com meu esposo, não somente por mim, mas pelas crianças também.

Mohamed tentou diversas vezes separar as crianças de mim. Certa vez, planejou levá-las para o Canadá e de lá para a Arábia Saudita. Insisti que queria ir junto e posteriormente entendi que era uma tentativa de nos separar.

Depois de algum tempo, notei que ele estava mais compreensivo. Passou a se importar mais conosco, comprar comida e nos levar para a igreja. Comecei a pensar que o Espírito Santo havia encontrado um caminho para tocá-lo. Na verdade, ele estava planejando mudar-se para a Arábia Saudita com toda a família. Falava das grandes oportunidades de trabalho. Não me importava com a ideia, mas ele falou que iria na frente para procurar emprego. Um de seus amigos era de uma família rica, dona de negócios. Eles prometeram ajudá-lo. As crianças e eu ficamos nos Estados Unidos.

Dois meses depois, ele falou que deveríamos ir encontrá-lo. Eu não estava preparada para a mudança e precisava perguntar a Deus. Respondi que não estávamos preparados ainda e não sabia se estaríamos um dia. Ele ficou enfurecido, já que isso estava atrapalhando seus planos.

A vida tornou-se muito difícil para nós. Ele não oferecia qualquer ajuda mais; e essa era uma forma de forçar-nos a estar com ele. Não tínhamos comida nem dinheiro. Fomos expulsos do espaçoso condomínio e passamos a morar no porão da casa de uma família da igreja.

Mohamed veio aos Estados Unidos. Estava furioso por ter que vir convencer-me. Já que não tínhamos mais o apartamento, hospedou-se na mesquita. Contou-me que todos os planos para irmos para a Arábia Saudita estavam prontos. Tinha uma casa e um emprego.

Eu desejava desesperadamente ouvir meu Deus. Estudei Sua Palavra com muito fervor, procurando entender qual a direção para a nossa vida. Orei e jejuei. Pouco a pouco, Deus começou a revelar Sua vontade. Tive certeza de que deveríamos ir para a Arábia Saudita com Mohamed. Não era o que eu queria, mas parecia claro para mim que era a vontade de Deus e que Ele tinha um propósito para nós naquele país.

A direção de Deus parecia muito clara. Ele tinha um objetivo para nós, Seus filhos – entrarmos numa área de escuridão e compartilharmos a luz do evangelho. *O Lar Adventista*, páginas 488 e 489, parecia ter sido escrito em resposta às minhas orações: "Deus pede que famílias cristãs vão para localidades que estão em trevas e erro, e trabalhem sábia e perseverantemente para o Mestre. Para atender a este chamado é necessário abnegação. Enquanto muitos esperam que sejam removidos todos os obstáculos, almas estão morrendo sem esperança e sem Deus no mundo. Muitos, muitos mesmo, por amor de mundanas vantagens, por amor de conhecimentos científicos, aventuram-se a penetrar regiões pestíferas, e suportam durezas e privações. Onde se acham os que estão dispostos a fazer o mesmo no intuito de falar a outros acerca do Salvador? Onde os homens e mulheres que se prontifiquem a mudar-se para regiões necessitadas do evangelho, e encaminhar ao Redentor os que andam em trevas?"

"Uma grande obra poderia ser realizada caso se estabelecessem nos lugares em trevas, onde o povo se acha envolto em sombras espirituais, famílias mediante as quais irradiasse a luz de Cristo. Comecem elas seu trabalho quietamente, com discrição, sem prover-se dos fundos da associação até que o interesse se torne tanto que o não possam atender sem auxílio do ministério."

Apesar de sentir que o chamado para a Arábia Saudita era real, continuei orando e jejuando. Durante as semanas seguintes, cada oração, sermão e impressão parecia apontar naquela direção. Percebi que como esposa e mãe cristã, meu dever em relação à família era muito importante. Também sabia que o evangelho deveria ser pregado a todo o mundo. Comecei a sentir que Deus me escolhera para a tarefa maravilhosa de levar as boas-novas à Arábia Saudita enquanto cumpria meu papel em relação ao meu esposo e filhos. Tinha certeza de que encontraria pessoas esperando ansiosamente para ouvir sobre o Senhor.

Meu entusiasmo era contrabalanceado com um pouco de medo porque não sabia o que me esperava. Medo era a única desculpa que tinha para não ir, mas sabia que Deus não era o originador do medo. Estava até empolgada com a ideia de que em breve começaria a minha aventura como uma grande testemunha para o Senhor.

Durante os últimos tempos, estivera trabalhando vendendo livros religiosos e sobre saúde, e o Senhor me abençoara com um carro novo. Não sabia o que fazer com o carro. Ainda estava pagando o financiamento. Mas o Senhor resolveu tudo, e um membro da igreja comprou o carro. Tudo estava se encaixando. A igreja realizou uma despedida maravilhosa, ocasião em que recebi vários presentes e cartões. Finalmente estávamos a caminho, primeiramente para passar algum tempo com a minha mãe e outros parentes na Inglaterra e depois iríamos para a Arábia Saudita.

A minha família na Inglaterra estava muito preocupada com a nossa ida, mas ao ouvirem o testemunho sobre como Deus nos havia conduzido e a minha determinação em fazer a vontade de Deus, perceberam que não havia muito que pudessem fazer para eu mudar de ideia.

Ficamos três meses na Inglaterra. Todo esse tempo alimentei ainda mais meu relacionamento com Jesus. Lia muito e O conhecia mais e mais. Confortou-me saber que o apóstolo Paulo esteve na Arábia Saudita por três anos. Eu não seria a primeira que teria de passar por isolamento para fazer a vontade de Deus.

Na noite anterior à nossa saída da Inglaterra, senti que deveria vestir uma roupa muçulmana. Não questionei a Deus, simplesmente obedeci. Eu tinha vários livros. À medida que os empacotava, orava por eles e os arrumava discretamente nas malas. Queria ter muito material para ler e preencher meus momentos de solidão e distância dos amigos e da família, e queria conhecer mais de Jesus. Arranquei as capas dos livros e enrolei-os em toalhas para que ficassem macios e bem escondidos. Mohamed me havia dito para não levar livros cristãos porque nos fiscalizariam, confiscariam os livros e nossa vida estaria comprometida. Poderíamos ser presos se encontrassem qualquer material cristão em nosso poder.

5

Rumo a Lugares Desconhecidos

Quando entregamos a bagagem no aeroporto Heathrow, em Londres, notei que as malas não estavam tão estufadas como quando as arrumei. Mas não me preocupei. Imaginei que as roupas e livros haviam se ajustado em seu lugar. Havia vários livros nas malas, mas alguns dos mais preciosos para mim – *Caminho a Cristo*, *Conselhos Sobre o Regime Alimentar*, *O Desejado de Todas as Nações*, *O Lar Adventista*, a lição da Escola Sabatina e outros livros mais – estavam na bagagem de mão, juntamente com um toca-fitas e alguns cassetes com músicas e sermões.

Durante todo o voo permaneci quieta e em comunhão com Deus enquanto meditava na responsabilidade que estava sobre mim de levar o evangelho àquele país de escuridão. Quando voamos sobre a Síria, as crianças ficaram maravilhadas com as luzes da cidade, mas eu estava pensando no que aconteceria se descobrissem os livros que estava levando. Orei mais uma vez. Minha preocupação era com os livros.

Aterrissamos no aeroporto Dharan, na Arábia Saudita, à meia-noite do dia 24 de julho de 1989. A temperatura era de mais de 32 graus e estava muito úmido. Enquanto caminhava em direção à alfândega, eu orava: "Senhor, indica-me a fila certa." Nesse momento, um senhor dirigiu-nos para o primeiro balcão. Continuava orando em minha mente pelos livros. Comecei a pensar no perigo do que havia feito. Sabia que poderia ser processada, e até mesmo executada, por fazer contrabando.

Começaram a revirar as malas. Enquanto eu observava com atenção, quase podia ouvir o meu coração saltando no peito. Para meu alívio não estavam encontrando os livros. Que felicidade! Tentando conter minha alegria, eu pensava que Deus estava operando um grande milagre. Mas já que a busca não revelou a presença dos livros, fiquei desconfiada e comecei a me perguntar: "Onde estão os livros?"

Então colocaram a mala na qual estava a minha Bíblia em cima da mesa para a inspeção; orei ainda mais fervorosamente. Arregalei os olhos quando tiraram bem do fundo a minha Bíblia enrolada numa blusa. Era óbvio que eu a havia escondido. Desembrulharam e começaram a folheá-la. O meu coração disparou de medo. As capas da Bíblia e dos livros haviam sido arrancadas na tentativa de que eles não percebessem do que se tratava. Não havia funcionado...

O Espírito Santo me inspirou a permanecer quieta, não demonstrar emoção e esperar pela Sua solução. Orei: "Senhor, Tua Palavra é lâmpada para os meus pés e luz para os meus caminhos. Preciso de Ti, Senhor. Não os deixe confiscar os livros." Funcionários armados foram até o local. Apesar de estar tremendo sem parar, eu tentava manter a compostura. De repente, lembrei que a minha roupa muçulmana era o meu disfarce, e passei a louvar a Deus no meu coração por me dar essa ideia.

Olhando de fora, éramos uma típica família muçulmana. Enquanto falavam em sua língua, os funcionários da alfândega olhavam para nós e folheavam a Bíblia. Viraram para Mohamed, que estava muito nervoso, e perguntaram:

– Você é muçulmano?

– Sim, obviamente – respondeu ele.

– Então, deixe-me ver sua identidade – ordenaram.

Mohamed deu o documento. O nome e a barba longa, característica da maioria dos homens muçulmanos, os convenceram.

Eles não falaram comigo porque na Arábia Saudita homem e mulher não conversam em público, especialmente em frente ao marido. Ficaram silentes pelo que parecia uma eternidade. E então começaram a rir dizendo: "Vocês são mulçumanos. Não vamos mais revirar as malas, confiamos em vocês." Havia louvor em meus lábios e aleluias em meu coração. A que Deus maravilhoso nós servimos!

A bagagem pessoal, com os livros que teriam me identificado como cristã, não foi inspecionada. Colocaram a Bíblia de volta na mala, fecharam-na e marcaram com adesivos o restante da bagagem, indicando que havia sido toda inspecionada. Deus interveio como sempre. Presenciei o primeiro milagre de uma série que Deus havia preparado para mim na Arábia Saudita. Não havia razão para os oficiais devolverem a Bíblia, a não ser pela intervenção divina. Verdadeiramente Deus estava comigo; senti segurança e conforto ao passar pela alfândega em direção à porta para fazer a obra de meu Pai.

Sammy, o amigo de Mohamed, encontrou-nos no aeroporto com seus ajudantes. Estava feliz por nos ver. Dava para perceber isso em seu rosto. Sammy e Mohamed se cumprimentaram com abraços e beijos e um olhar de alívio.

– Você conseguiu então! – comemorou Sammy.

Eu sabia exatamente o que ele queria dizer. O fato de estarmos na Arábia Saudita significava que Mohamed vencera a batalha em termos de religião na nossa família e estava no controle novamente.

Os ajudantes levaram a bagagem, empilharam no carro e fomos em direção a Damman, onde moraríamos. A cidade estava a meia hora de distância. Para minha surpresa, paramos num hotel. Mohamed havia me dito que uma casa estava à nossa espera. Mais tarde, descobri que Mohamed também não tinha um emprego. Agora estávamos no Oriente Médio sem uma fonte de renda e sem um lugar para morar.

Comecei a desfazer as malas e descobri que todos os livros que tinha trazido não estavam lá. Somente os que estavam na bagagem de mão. Perguntei a Mohamed se sabia o que havia acontecido. Ele olhou para mim e disse rindo:

– Você acha que eu seria burro a ponto de não checar as malas antes de viajarmos? Tirei todos os livros cristãos e joguei-os no lixo na Inglaterra.

Ele não somente jogou fora os meus livros, mas também os presentes e cartões da minha família e amigos da igreja de Connecticut. Estava arrasada. Os presentes tinham valor sentimental para mim, especialmente um hinário antigo que havia sido do meu pai. Minha mãe havia me dado antes de viajarmos. Havia também uma placa que os membros do grupo de oração tinham me dado. Os livros e as fitas eram muito preciosos para mim. Eram a minha memória de como o Senhor havia me guiado no passado. Tudo destruído! Estava furiosa; queria gritar com ele, mas me controlei por saber que dependia totalmente de Mohamed naquele momento. Poderia fazer o que quisesse comigo. Ninguém me conhecia na Arábia Saudita e não teria para onde ir. Meu lar estava muito, muito distante.

Estava tão magoada que comecei a duvidar da direção de Deus.

O milagre que pensei que havia acontecido no aeroporto era fruto da minha imaginação. Mohamed já havia jogado os livros fora, antes de sairmos da Inglaterra. Nuvens de dúvida pairavam sobre mim. E se eu estivesse enganada? Deus queria que eu estivesse naquele lugar? Ou fora tudo invenção minha? Perguntas enchiam-me a mente e o peso das provações parecia maior do que eu podia suportar.

Não podia desistir de Deus agora. Eu estava muito distante das pessoas e lugares que amava. A única ligação com eles era através do Espírito Santo. Orei e pedi a Deus fé e resistência para os dias que viriam. Pedi que aumentasse minha confiança nEle. Era o primeiro teste, e eu tinha que vencer. De alguma forma, percebi que ainda teria maiores provações pela frente.

Finalmente, pela graça de Deus, recompus-me e aceitei a perda das minhas coisas.

Orei para que os livros fossem de alguma forma parar nas mãos de alguém que lesse e escutasse as fitas e se sentisse confortado e alegre com a mensagem. Confortei-me dizendo ao Senhor que esperava ver alguém no Seu reino que teria encontrado a Cristo através daqueles livros descartados. Ainda tinha vários livros que Mohamed não havia encontrado e esses estavam comigo constantemente.

6

Testemunha Fiel

Como chegamos à noite, só na manhã do dia seguinte comecei a ver como era o país. Quando olhei pela janela, tudo parecia marrom e feio. Quase não havia áreas verdes. Existiam poucas árvores e arbustos que eram cultivados cuidadosamente com irrigação e fertilização artificial. O calor era abafado e o cheiro de esgoto, constante. As ruas estavam praticamente vazias durante o dia por causa do calor. Isso se somou ao meu senso de perda. Senti-me muito sozinha, muito isolada.

Mohamed foi para o escritório de Sammy naquela manhã. Sammy era um dos árabes que Mohamed encontrara em Connecticut. Ele completara seus estudos e voltara para seu país. Vinha de uma família rica e prometera para Mohamed arranjar um emprego em um dos seus negócios. Enquanto Mohamed estava fora, reuni as crianças para fazermos o culto. Liguei para a minha família na Inglaterra e nos Estados Unidos para dizer que havíamos chegado bem. Comentei que tinha ficado sabendo que o sábado era considerado o primeiro dia da semana na Arábia Saudita, que os meus filhos teriam que ir à escola nesse dia, e que o final de semana incluía quinta e sexta-feira, sendo o último o dia santo.

Imaginava que tipos de dificuldades nos aguardavam no futuro. Não queria que as crianças transgredissem o sábado. Orei: "Senhor, por favor, não permita que as crianças sejam obrigadas a ir à escola no sábado." Não sabia como Ele responderia àquela oração, mas simplesmente acreditei.

Então comecei a pensar onde poderíamos adorar a Deus no sábado. Parecia impossível guardar o sábado sem ir à igreja. Minha irmã me garantiu que Deus aceitaria nosso louvor, mesmo que não fôssemos à igreja, dizendo que o sábado está inscrito no coração. Eu estava prestes a aprender que o sábado devia ser guardado no coração como um resultado de nossa união espiritual com Deus.

Rememorava a conversa com minha irmã repetidas vezes, o que resultou numa compreensão melhor das razões por que as pessoas vão à igreja. Alguns vão por força do hábito ou como parte da rotina semanal. Mas Deus nos diz que devemos adorá-Lo em espírito e em verdade. Isso era confortante e tranquilizador para mim. Essa seria a primeira vez que iria experimentar esse tipo de louvor. Eu disse: "Senhor, somos só nós dois agora. Não tenho amigos para me apoiar, ninguém para conversar, para me aconselhar e me encorajar, exceto Tu, Senhor."

Quando finalmente cheguei a essa conclusão em minha conversa com o Senhor, senti-me assegurada de que Ele aceitaria nosso louvor e removeria a "culpa" de não irmos à igreja. Tudo o que precisava deste ponto em diante viria diretamente de Deus.

Quando Mohamed chegou em casa, voltando do escritório de Sammy naquele primeiro dia, falou para nos aprontarmos para irmos ao mercado. Apreciei a chance de sair da depressão e me animar um pouco. Um motorista nos levou para o mercado, onde pudemos examinar muitas mercadorias. De repente, senti-me o centro das atenções. Todos me olhavam com desagrado. Senti-me nua, como se estivesse exposta. Foi quando percebi que todos que eu conseguia ver ao redor eram homens. As mulheres estavam cobertas com um material fino, preto, dos pés à cabeça. O rosto estava coberto também, de forma que eu não podia saber se também estavam olhando para mim.

Passei com meu marido por uma banca que vendia vestidos muito bonitos. Achei que ele ia comprar um daqueles lindos vestidos para mim. Mas esse pensamento não durou muito. O escolhido era um preto similar aos que as demais mulheres estavam usando, com um xale preto para a cabeça. Depois de pagar, mostrou-me como usá-lo toda vez que saísse do hotel ou de casa.

O vestido preto é chamado *abaya*. Na verdade, tem outros nomes, dependendo da região do Oriente Médio. Perguntei: "Por que preto?" Explicaram-me que preto é uma cor feia, então as mulheres usam essa capa preta, feia, solta e sem forma para que os homens não sejam tentados. Se os homens vissem a mulher, sua forma e beleza, estariam pecando, cometendo adultério.

Isso era profundo. Hoje, vemos mulheres cristãs praticamente sem roupa. Nossas costas são expostas, coxas à mostra, peitos aparecendo em vestidos curtos e justos. Podemos aprender bastante de outras religiões em termos de conduta. Em países islâmicos, as mulheres são modestas, e eu apreciava isso. Alguns podem achar que o conceito de reforma do vestuário é extremista, mas o que vestimos é uma parte importante do que somos e dá testemunho de quem somos. Alguns de nós precisamos parar e avaliar a maneira como nos vestimos. Devemos procurar a verdade em todas as circunstâncias e usá-la para aumentar a nossa fé.

Comecei a praticar o hábito de olhar o lado bom em todas as situações ruins. Estava feliz por ter um *abaya* especialmente de manhã, quando precisava comprar algo para o desjejum na loja da esquina antes que as crianças acordassem. Simplesmente colocava aquela capa por cima e corria até a loja. Além disso, sempre fui a que usava roupas diferentes quando criança.

Tive que me ajustar em vários aspectos. Senti-me muito restrita no que era permitido fazer. A realidade de que minha vida não seria a mesma enquanto estivesse naquele país ficou ainda mais evidente. Mais uma vez, orei para que Deus me ajudasse a ajustar-me rapidamente aos costumes, à cultura e ao povo daquele país.

Naquela noite, fomos convidados para ir à casa de Sammy. Quando chegamos, notei que a casa tinha quatro entradas, duas para os homens e duas para as mulheres. Mohamed e os meninos entraram por uma porta, e as meninas e eu por outra. No lado de dentro, Mona, a esposa de Sammy, cumprimentou-nos cordialmente. Seu sorriso era amável e ela me disse que havia ouvido muito a meu respeito e que estava feliz por me receber. A outra convidada para a ocasião era Zainup, uma americana. Ela e o esposo, um sírio, se conheceram na faculdade, em Dakota do Norte. Tinham três filhos e ela era de família cristã, mas agora se tornara muçulmana devota.

Eu me sentia à vontade com as mulheres. Depois de cumprimentarmos as pessoas, removi o véu, já que havia somente mulheres naquele lado da casa. Sentamos juntas no tapete persa de Mona para conversar. Perguntaram-me sobre minha fé e tive a oportunidade de falar sobre algumas experiências que tivera com Deus. Conhecia a crença delas de que Jesus era meramente um profeta e não o Filho de Deus. Então me referi a Jesus como Deus usando o nome Alá. Nunca usava o nome de Jesus como ponto de referência a não ser que elas o usassem em alguma pergunta. Testemunhei sobre quem Jesus era para mim. Parecia que apreciavam a minha boa vontade em responder às perguntas. Senti que respeitavam o que eu acreditava.

A conversa continuou. Entendi que era uma oportunidade na qual o Senhor estava me usando para testemunhar. O Senhor deu-me sabedoria; fui cuidadosa para não forçar minhas próprias convicções religiosas sobre elas e manter-me sob o controle do Espírito Santo enquanto respondia às perguntas. Dessa forma, sabia que Ele poderia me usar para transmitir o que deveriam saber naquele momento.

Continuamos a conversar e serviram-nos a comida, que incluía salada, frango, arroz, batatas e legumes. Sentamos no chão com as pernas cruzadas e comemos da mesma bandeja. Fui cuidadosa para usar somente a mão direita para comer. De acordo com a cultura e costumes locais, especialmente o Hadith, que são os livros que informam os hábitos de vida e práticas do profeta Maomé, comer com a mão esquerda é ofensivo. Também deve-se sentar corretamente para comer e dormir em certas posições. A lista continua, mas se você seguir a maneira como o profeta Maomé se portava, está bem. Os hábitos do profeta devem ser copiados na vida de um bom muçulmano.

Mona percebeu que eu não estava comendo carne e bebendo café. Ela perguntou por que não estava comendo do frango. Foi outra oportunidade para testemunhar. O Espírito Santo imediatamente me impressionou que apesar de ser difícil falar de Jesus em países como a Arábia Saudita, Ele poderia usar a poderosa mensagem de saúde como uma ferramenta para levar outros a Cristo.

Todo cuidado era pouco para não ofender. Comecei dizendo que "nosso corpo pertence a Alá porque Ele nos criou e que devemos servi-Lo e dar-Lhe o nosso melhor. Ele merece". As palavras fluíram da minha boca.

– Quando Alá nos mostra um jeito melhor e nós entendemos, somos obrigados a aceitá-lo pelo poder de Alá. É certo cuidar do nosso corpo – eu disse – comendo alimentos saudáveis. Dessa forma, cuidamos de Sua morada. Nosso corpo é o templo de Alá. Quando cuidamos do corpo, não ingerimos nada que é estimulante, que atrapalhe o sistema digestivo, ou que cause doenças, e então podemos ter o benefício de uma mente sã, capaz de discernir claramente, para ter comunhão com Deus em um nível muito mais alto e para resistir às tentações. A mente é fortalecida.

Falei muito. Mona olhou-me impressionada. Nunca havia ouvido alguém falar aquilo antes.

– Sim – ela falou –, faz sentido.

Expressou então seu amor por Alá e sua resolução de ter um corpo mais saudável para manter uma mente sã e que influenciasse sua oração e compreensão sobre Alá. Era um começo maravilhoso, porque uma mente sã é mais suscetível à verdade.

Depois do jantar, falei com Zainup por um instante. Ela era tímida e falava inglês com um forte sotaque árabe, mesmo sendo americana.

Sem saber a sua história, alguém pensaria que era uma árabe aprendendo inglês. Mas ocasionalmente seu sotaque americano aparecia.

"Que triste!", pensei. Ali estava uma mulher que perdera sua identidade. Uma mulher natural de Dakota do Norte falando com sotaque árabe; havia dois meses estava na Arábia Saudita. Sua identidade tinha se misturado com a do seu marido; não tinha senso de valor próprio, não demonstrava ser feliz. Ela demonstrava estar feliz ao conversar comigo porque também vinha da mesma cultura e tínhamos muitas coisas em comum. Senti-me profundamente tocada pela situação dessa mulher e seus filhos, e orei a Deus em silêncio.

Em seguida, meu marido enviou uma mensagem através dos ajudantes, dizendo que estava pronto para ir embora. O ajudante trouxe-me a capa preta e agradeci a Mona a agradável noite. Prometi a Zainup que teríamos mais tempo para nos conhecermos melhor. Despedi-me desejando Assalaamu Alaikum (paz) e juntei-me a Mohamed e os filhos.

Naquela noite louvei a Deus pela mensagem de saúde e pela oportunidade maravilhosa que Ele me deu de testemunhar. Orei por Zainup e Mona para que as sementes da justiça e da verdade oferecidas pelo Espírito Santo pudessem firmar raízes no solo do seu coração.

7

O Primeiro Sábado

O jantar na casa de Mona e Sammy foi uma experiência interessante. Foi um prazer conhecer aquelas mulheres e, ainda mais, ter a chance de fazer o que o Senhor me comissionara – testemunhar para Ele. De volta ao hotel, no dia seguinte, ocupei-me com serviços domésticos para não pensar nas circunstâncias.

Todos os dias, Mohamed ia ao escritório de Sammy e passava a maior parte do dia lá. Passava pouco tempo com as crianças e comigo. Nem sempre era fácil preencher as horas em que estava sozinha ou somente com as crianças. Decidi lavar as roupas. Peguei as que estavam sujas e lavei-as à mão. Tentava me concentrar nas coisas celestiais, mas era uma luta mental. Meu mundo inteiro estava confinado àquele quartinho.

Nossa primeira sexta-feira foi a chance de experimentarmos o dia santo local. Mohamed acordou as crianças às três e meia da manhã e as levou para a praia. Não me chamou para ir junto, o que não me deu outra escolha a não ser passar o dia sozinha em um país estranho.

Quando eles saíram, senti-me muito sozinha; um medo horrível tomou conta de mim. Deveria estar meio dormindo quando senti que alguém havia entrado no quarto. Quando me virei para ver quem era, não havia ninguém lá. Tudo ao meu redor parecia escuro e amedrontador. Repentinamente, senti-me presa à cama;

era uma sensação como se uma corrente elétrica corresse pelo meu corpo apático. Não podia respirar. Senti como se as forças do mal tivessem mais forças do que eu. Sem dúvida, um espírito mau estava disputando a minha vida.

Clamei ao Senhor e pedi a Jesus que afastasse Satanás. Aos poucos, a atmosfera pesada começou a mudar. Sentei-me e comecei a orar. Sabia que a batalha espiritual pela minha vida era real, e sabia que devia continuar orando por poder para resistir às forças do mal. Reconheci a importância de manter-me em constante comunhão com Deus, manter uma dieta simples e ler a Bíblia.

Passei o dia sozinha. Pedi torrada, suco de laranja e cereais para o desjejum. Então fui desfazer algumas malas, e aquele tempo em silêncio me fez pensar e meditar no Senhor. Tentei imaginar o que o futuro tinha reservado para mim e por quanto tempo ainda ficaria naquele país. Estava muito preocupada com o futuro dos meus filhos.

O dia seguinte foi o nosso primeiro sábado na Arábia Saudita. Sentimos muita saudade de casa. Estava triste, sentia falta de estar com outros cristãos guardadores do sábado. Ansiávamos pela presença de outros membros da família de Deus! Passamos o dia louvando e orando enquanto Mohamed estava no trabalho. Finalmente estava trabalhando no escritório de Sammy.

Felizmente, o primeiro sábado não foi uma amostra de como transcorreriam os outros sábados. O Senhor nos mostrou como guardar o sábado em espírito e em verdade, como minha irmã me havia dito. Ele nos mostrou que o sábado é uma comunhão espiritual com Deus, um descanso espiritual para a mente e o corpo. Não é o lugar de adoração que importa, ainda que seja mais conveniente adorar a Deus em uma igreja. A culpa foi removida e passávamos nossos sábados adorando a Deus da melhor forma que podíamos, sempre confiantes de que Ele nos amava e aceitava nosso louvor.

8

Muito Longe de Casa

Após dez dias no hotel, mudamos para um apartamento. Era enorme – suficiente para ser dividido em duas partes, uma para os homens e outra para as mulheres nos jantares e festas. Não tínhamos móveis. Sammy emprestou-nos dinheiro para comprarmos as coisas principais. Compramos um fogão e uma geladeira. Posteriormente compramos uma máquina de lavar roupas. Almofadas colocadas na sala de estar serviam como cadeiras, e compramos colchões para colocar nas camas.

Assim era o nosso lar. Não tínhamos telefone ou outra forma de entrar em contato com alguém, em caso de emergência. Sentia-me extremamente isolada e sozinha. Ninguém falava a minha língua. Raramente via os vizinhos e era totalmente dependente de Mohamed. Estava confinada às minhas circunstâncias, sobre as quais quase não tinha controle.

A maior parte do tempo, ocupava-me com as tarefas de casa. O tempo parecia arrastar-se. Passava a maior parte dos dias cozinhando, o que era realmente trabalhoso. As ervilhas tinham que ser debulhadas, o arroz e os legumes escolhidos; mas tinha o dia todo para fazê-lo. Lavava as roupas e era uma dedicada esposa e mãe.

Toda vez que Mohamed não estava em casa, as crianças e eu estudávamos, líamos e passávamos tempo em oração e adoração. Uma delas ficava observando à janela. Se Mohamed estivesse voltando, escondíamos rapidamente os poucos livros que vieram na bagagem de mão. As crianças pegavam os brinquedos e eu voltava a fazer as tarefas de casa para que ele não percebesse nada diferente quando chegasse. Isso estava me deixando nervosa, mas continuamos agindo dessa forma.

Percebi que o meu casamento estava desmoronando. Não havia intimidade. Mohamed dormia separado de mim como punição por não aceitar o islamismo. Queria que fosse a mãe de seus filhos para cuidar, alimentar, vestir e mantê-los limpos. Ele não me dava amor. Era frio, legalista e duro. Frequentemente levava as crianças para algum lugar e me deixava em casa sozinha. Várias vezes chorei e orei a Deus perguntando: "Até quando, Senhor?" Implorei a Deus para que me tirasse desse pesadelo.

O estresse na minha vida aumentava a cada dia. Estava sob grande opressão – mesmo passando várias horas sozinha, sentia que não havia privacidade porque Mohamed se metia em cada aspecto da minha vida. Tinha que dar um relatório do meu dia dizendo com quem havia conversado e aonde fora. Então ele conferia com as crianças para ver se estava falando a verdade. Mohamed falou-me que tinha todo o poder sobre mim, e que se eu não parasse de ensinar as crianças sobre Jesus faria com que me escoltassem para o aeroporto e seria enviada de volta para a Inglaterra sem a família. Isso me fez ser mais cuidadosa a respeito de nossos cultos secretos porque não sabia quando ele iria perguntar às crianças sobre o que tinham feito durante o dia. Pedi a Deus que me desse sabedoria. Esperava que ele fizesse as perguntas para as crianças, e quando ele saía fazíamos o culto. Normalmente ele não fazia as perguntas mais do que uma vez por dia, pois estava sempre ocupado com outras coisas. Era um risco, mas o Senhor estava do nosso lado.

Não recebi cartas da minha família por um bom tempo depois que chegamos à Arábia Saudita e fiquei preocupada. Havia escrito várias cartas para a minha mãe e enviado o dízimo e ofertas dos trocados que recebia para as compras de supermercado. Necessitava de todas as bênçãos que pudesse receber. Eu sabia que não existia bênção maior do que a que recebemos quando somos fiéis nos dízimos e ofertas. Não era normal a minha família não responder às minhas cartas, especialmente nessa situação em que estava tão longe de casa. Minha mãe e eu tínhamos um relacionamento próximo, sempre mantínhamos contato.

Mohamed se cansou das minhas reclamações por não ter notícia da minha família. Um dia ele me entregou uma carta que minha mãe havia escrito fazia algum tempo. Estava aberta e estava faltando alguma literatura que ela havia incluído. Ele me disse que havia aberto todas as cartas e que eu não receberia nada que contivesse passagens bíblicas, hinos ou outras coisas relacionadas com o cristianismo.

Fiquei uma fera! "Quem era ele para controlar minhas particularidades!", pensei. Percebi que ele também abrira as cartas que eu escrevera e pedira que ele colocasse no correio. Muitas, se não todas, provavelmente nunca foram enviadas. Estava muito triste pelo fato de que a minha privacidade havia sido invadida e que não restava nada que era de fato meu.

Mohamed estava determinado a ditar como deveria ser a minha vida. Tudo que chegasse endereçado a mim seria revistado. Não permitiria que seus filhos fossem expostos à literatura cristã. Resolvi procurar uma maneira de enviar as minhas cartas. Não podia confiar em Mohamed para enviá-las. Precisava entrar em contato com a minha família e amigos de oração, até para manter a minha saúde. Com essa determinação e com um espírito lutador, busquei ao Senhor, exigindo que Ele me desse uma alternativa, caso contrário a missão que Ele tinha para mim não seria cumprida. O Senhor nos exorta para que apresentemos as nossas razões e o nosso caso perante Ele (Is 41:21), e foi o que respeitosamente fiz.

Provavelmente por causa do estresse, comecei a me sentir mal e procurei tratamento numa clínica local. Ali conheci várias enfermeiras cristãs, a maioria católica. A minha alegria por ter encontrado outros cristãos era tanta que não havia lugar para preconceito. As diferenças entre as denominações não eram importantes. Estava muito feliz por ter encontrado outros crentes em Jesus Cristo que falassem inglês.

Katherine (uma das enfermeiras) e eu nos tornamos amigas e fui convidada para ir à sua casa. Ia à sua casa de tempos em tempos. Numa ocasião, minhas duas filhas me acompanharam. Conheci o seu marido e a filhinha de 10 meses. Às vezes, íamos ao parque juntas enquanto Mohamed estava orando na mesquita.

Katherine e seu marido trabalhavam arduamente para ajudar sua família que morava no Sul da Índia. Todo mês enviavam dinheiro para eles. À medida que nossa amizade se desenvolveu, contei como a comunicação com a minha família estava cortada. Ela ainda mencionou que existiam outras mulheres na mesma situação que a minha. "As leis", disse-me, "são muito restritivas em relação às mulheres." Ela me ofereceu o seu endereço para eu enviar e receber correspondência, e também colocava as minhas cartas no correio. Agradeci ao Senhor por ouvir as minhas orações e abrir um caminho para restabelecer contato com a minha família. Passei a esconder as cartas na cintura toda vez que ia à clínica.

Finalmente, voltei a ter contato com a família. Agora sabiam o que estava acontecendo comigo na Arábia Saudita, e eu podia receber cartas de encorajamento de amigos e outros membros da família. Só o fato de saber que alguém estava orando por mim trazia conforto. Minha mãe enviou até mesmo uma caixa cheia de coisas gostosas que estávamos com saudade de comer. Isso eu trazia para casa aos poucos e sem Mohamed saber.

À medida que Katherine e eu nos tornamos mais amigas, ela expressou interesse em aprender algumas doutrinas da minha crença religiosa. Mais uma vez o espírito de gratidão a Deus encheu o meu coração e pude ver mais uma razão para a nossa amizade. Senti esperança de que não havia sido chamada simplesmente para sofrer e que Deus tinha um plano para a minha vida na Arábia.

Combinamos de começar os estudos bíblicos, mas só conseguimos passar uma lição e vieram as dificuldades. Voltei à clínica poucos dias depois e descobri que Katherine não queria contato comigo; pelo contrário, estava procurando me evitar. Por um momento pensei que meus exames teriam indicado que eu havia contraído alguma doença contagiosa.

– O que aconteceu, Katherine? – perguntei.

– Vá, vá! – ela implorou. – Deixe-me em paz.

Quando saí da clínica, não fui para casa imediatamente. Esperei até que o turno de Katherine acabasse. Queria saber o que eu havia feito para que ela agisse daquela forma comigo. Várias horas mais tarde ela saiu, viu-me e correu para o outro lado da rua, caminhando rapidamente em direção à sua casa. Segui-a, perguntando por que estava agindo daquela maneira. Ela disse:

– Fique do outro lado da rua. Não venha comigo. Por favor, me deixe!

Estava decidida a descobrir o que acontecera, de forma que a segui até a sua casa. Ela entrou no prédio e continuei seguindo-a pelas escadas. Katherine entrou no seu apartamento e bateu a porta na minha frente. Bati à porta até que finalmente ela sussurrou:

– Se eu lhe contar, você vai embora?

– Sim, naturalmente – eu disse.

Ela me contou que Mohamed havia aparecido em sua casa com a polícia, acusando aquela família de estar disseminando o cristianismo no país e em nossa família. Acusou-os também de liderar um grupo de prostituição. As autoridades acreditaram na história simplesmente porque eram cristãos. Colocaram o seu marido na cadeia e alertaram-na de que se ela fosse vista comigo a matariam.

Tivemos que cortar a amizade imediatamente por causa da sua família na Índia e para preservar a nossa vida. Na próxima vez que fui à clínica, levei um presente. Era um panfleto com os dez mandamentos e um bilhete dizendo: "O Espírito Santo será o seu professor, Katherine; afinal, Ele é o melhor."

O seu esposo foi liberto poucos dias depois. A notícia sobre Mohamed e a família de Katherine se espalhou entre os funcionários da clínica. Chegou até os ouvidos da Dra. Rassolpur, que ficou com medo de Mohamed e do poder que parecia ter. Ela decidiu que era muito arriscado continuar deixando que eu usasse aquele endereço postal. Entendi as dificuldades; essas pessoas eram inocentes e não podiam se arriscar a perder seu trabalho como profissionais, principalmente porque não eram os únicos envolvidos – eles também mandavam dinheiro para seus parentes pobres na Índia. Foi difícil aceitar aquela situação. Não tinha como não ficar ressentida com Mohamed. Mais uma vez a comunicação com a minha família estava cortada.

Sentia-me sozinha e completamente isolada do mundo. O meu mundo estava reduzido novamente ao apartamento para o qual tínhamos nos mudado recentemente. Somente o Senhor e eu. Não tinha ninguém com quem eu pudesse desabafar a respeito do que estava acontecendo. Ninguém entendia os meus sentimentos mais íntimos; era uma batalha espiritual entre o arquienganador e Jesus Cristo. Não podia nem mesmo orar. Somente sentava e ficava pensando se tudo aquilo era real. Pensava: "Vou acordar a qualquer momento e ver que ainda sou uma menininha, inocente, deitada em minha cama quentinha na casa dos meus pais, despertando de um terrível pesadelo." Mas Deus me trouxe de volta à realidade. Mesmo que frequentemente me sentisse desencorajada para pregar, sei agora que o Espírito Santo traduzia o clamor do meu coração em uma linda oração.

Sempre lia o livro de Salmos, onde encontrava muito conforto nas meditações. O Céu não estava tão longe nesses momentos e a vida parecia mais tolerável. O Senhor sempre mandou Seu Espírito confortador para ministrar ao meu espírito quebrantado. Jesus promete não nos deixar. Clamei ao Senhor para que não saísse do meu lado e Ele me lembrava de que nunca Se ausentara nem iria fazer isso jamais. Lembre-se de que "nada temos que recear quanto ao futuro, a menos que esqueçamos a maneira em que o Senhor nos tem guiado, e os ensinos que nos ministrou no passado" (Ellen G. White, *Mensagens Escolhidas*, v. 3, p. 162). Louvei o Senhor pelo milagre de ter passado a minha Bíblia pela alfândega. Como poderia ter sobrevivido a este teste sem Sua Palavra para iluminar o caminho e dar-me a coragem de que tanto precisava para continuar segura na fé até o fim?

9

Uma Grande Perda

Damman é uma cidade muito ortodoxa, antiga e com poucas partes modernas. A região onde morávamos lembrava o isolamento que eu estava experimentando. Fui separada da família e das amizades que tentei formar com as poucas pessoas que tive contato. Mohamed não se importava com as minhas necessidades. Havia se tornado mais agressivo e perdera todo o carinho comigo. Sentia-me como uma empregada, alguém que cuidava das necessidades de Mohamed e das crianças.

Contudo, continuei estudando a Palavra de Deus com as crianças. Era o meu único meio de escapar da terrível depressão que tentava me afogar. Encontrei calma e segurança na Palavra de Deus. Achei também paz e conforto. Mantinha comunhão constante com Deus. A oração tornou-se a essência da minha vida. Não somente deveríamos orar, mas também vivermos humildemente na luz que recebemos. O Senhor mudou a situação de Jó quando ele começou a orar pelos seus inimigos. Quando desejou que aqueles que se opunham a ele pudessem ser ajudados por Deus, Jó recebeu ajuda do Senhor. Devemos manter perante o Senhor aqueles que nos machucam e continuam a nos ferir. Devemos orar sem cessar. Orar, orar, orar, porque Deus não descansa. Ore no seu coração e audivelmente também. Deus ouve a oração do coração sincero.

Minha escritora cristã preferida, Ellen G. White, diz em um de seus livros: "Invoquem a Deus todos os que estão em tribulações ou são maltratados. Desviem-se daqueles cujo coração é como o aço, e tornem conhecidas as suas petições ao seu Criador. Ele jamais repele alguém que a Ele recorre com coração contrito. Nenhuma oração sincera se perde. Em meio das antífonas do coro celestial, Deus ouve o clamor do mais débil ser humano. Derramamos o desejo do nosso coração em secreto, murmuramos uma oração enquanto seguimos nosso caminho, e nossas palavras atingem o trono do Monarca do Universo. Podem não ser audíveis aos ouvidos humanos, porém não podem morrer no silêncio, nem perder-se no tumulto dos afazeres diários. Nada pode sufocar o desejo da alma. Alça-se sobre o barulho das ruas e a confusão da multidão, às cortes celestiais. É a Deus que falamos e nossa oração é atendida" (Ellen G. White, *Parábolas de Jesus*, p. 174).

Que palavras confortadoras. Nossas orações serão atendidas. "Peçam, portanto; peçam, e receberão. Peçam humildade, sabedoria, ânimo, maior proporção de fé. A toda oração sincera há de vir a resposta. Talvez não venha exatamente como desejam, ou ao tempo em que a esperam; mas virá pela maneira e na ocasião em que melhor há de satisfazer à sua necessidade. Às orações que em particular vocês dirigem, em cansaço, em provação, Deus responde, nem sempre segundo a expectativa de vocês, mas sempre para o seu bem" (Ellen G. White, *Obreiros Evangélicos*, p. 258).

Frequentemente, eu me perguntava a respeito da vida espiritual dos meus filhos e como estariam se sentindo diante de toda aquela pressão. Sentiam falta dos familiares e amigos da escola. Pareciam ter se ajustado bem ao novo estilo de vida. Mantinham-se ocupados. Tornaram-se criativos, de modo que faziam brinquedos de jornais velhos. Brincavam entre eles mesmos. Havia risadas e as brigas normais. Quando à noite esfriava, saíam para brincar com algumas crianças da vizinhança. Procuravam e perseguiam lagartos e examinavam baratas gigantes.

Certa noite, as crianças tinham saído para brincar como de costume. Voltaram depois de poucos minutos para me contar da nova descoberta. Haviam conhecido um homem da Índia que tinha perguntado se os pais precisavam de um empregado. Ele disse que gostaria de trabalhar para nós porque precisava de trabalho. As crianças prometeram perguntar aos pais.

Durante a conversa, o homem notou que as crianças não eram árabes, apesar da aparência. Falavam um inglês muito bom, o que acabou revelando-os. O homem perguntou de onde eram e qual era a sua religião. Surpreendeu-se quando os meninos disseram que eram cristãos e perguntaram sobre a sua religião. O homem disse: "Sou hindu" e começou a falar da sua religião e dos muitos deuses a quem serviam, como esculpiam os deuses e depois oravam a eles.

As crianças falaram que achavam estranho criar um deus e orar a ele e disseram: "Será que o deus não deveria orar a você? Afinal, você o criou, é maior do que ele; na verdade, você é o seu criador." O homem ficou totalmente confuso.

Os meninos continuaram falando que o Deus a quem serviam é o maior porque criou o Universo todo, inclusive os materiais usados para fazer os deuses hindus. Então o homem disse que os hindus adoravam as vacas e não comiam carne bovina. Com um olhar inocente e confuso, as crianças disseram: "Nós, não. Adoramos o Cordeiro – o Cordeiro de Deus – que retira os nossos pecados." Explicaram ainda as leis cerimoniais e a transferência da culpa pelos pecados para o animal inocente, e como aquele animal era sacrificado para que os pecados fossem perdoados. Disseram também que Jesus veio à Terra e recebeu o título de "o Cordeiro de Deus" porque o pecado havia se espalhado por toda a Terra e não havia cordeiros suficientes para continuar sacrificando. Então Deus enviou o Seu único Filho para ser o último cordeiro, que morreria pelos pecados de todos, como Ele o fez quando morreu na cruz e a cortina rasgou-se de alto abaixo. Começou em cima porque Deus rasgou, e Ele está no Céu.

Estava maravilhada enquanto olhava para os meninos e ouvia a história da redenção na linguagem mais simples possível. Eles continuaram:

O homem estava tão interessado que permaneceu ali, parado, nos ouvindo. Contamos para ele também que, no momento em que a cortina foi rasgada, as leis cerimoniais foram extintas e, agora, quando aceitamos a Jesus em nossa vida e acreditamos que Ele é o último Cordeiro a ser sacrificado pelos nossos pecados, podemos ser perdoados.

– Como assim? – perguntou o homem.

– Bem – disseram as crianças –, oramos a Jesus e confessamos os nossos pecados, Ele os tira de nós e recebemos o perdão.

Olhei surpresa para os meus filhos. Eram tão inocentes e tão felizes. Haviam testemunhado para alguém, e eu sabia que Deus tinha um propósito para eles também. Os meus olhos se encheram de lágrimas ao presenciar a ação do Espírito Santo na vida deles. Entendi que não tinha nada a temer em relação aos meus filhos. Deus mostrou-me que eles Lhe pertenciam, e que os meus ensinos não eram em vão. Deus escrevera Sua Palavra no coração de cada um e estavam convictos da sua crença em Deus, o Criador.

– Falamos para o homem que não precisávamos de um servo naquele momento, mas agradecíamos pela oferta.

Falei para eles o quão orgulhosa eu estava por terem testemunhado da sua fé.

No dia seguinte, fui impressionada a ensinar às crianças sobre José e como aquela criança inocente foi tirada de um lar seguro para uma vida de incertezas. José lembrou-se dos ensinamentos de seus pais e confiou no grande Deus do Céu e da Terra. Sentiu saudades dos pais e ficou com medo algumas vezes, mas continuou firme acreditando que Deus o resgataria. Identificamo-nos com a história e todos nós reforçamos o voto de permanecer fiéis ao Senhor, mesmo que estivéssemos separados.

Certa noite, durante o culto familiar, estávamos conversando sobre a igreja remanescente de Deus e como identificá-la. As crianças estavam interessadas no assunto. Estávamos tão empolgados que esquecemos do tempo e também que Mohamed chegaria a qualquer minuto. Tínhamos alguém vigiando à janela, mas o estranho foi que Mohamed não havia chegado ainda como de costume. Ele foi inteligente. Desconfiou que eu estava ensinando as crianças, de forma que naquele dia estacionou o carro mais longe e caminhou o resto do percurso subindo pelas escadas de trás. Já devia estar atrás da porta por meia hora ou mais quando a abriu de repente. Não houve tempo para esconder os livros. Fomos apanhados!

O medo estava estampado no rosto das crianças, que esperavam para ver o que aconteceria. Calmamente recolhi os livros e, segurando-os firmemente contra o meu peito, passei por Mohamed em direção ao quarto. Podia sentir sua ira. A presença do mal no apartamento era muito real, e isso nos causou medo. Tentei não demonstrar medo para que as crianças não ficassem ainda mais amedrontadas.

Quando guardei os livros, Mohamed apareceu à porta do quarto e disse:

– Então você continua a ensiná-los? Não quero que os meus filhos conheçam essa sua religião do mal.

Fiquei em silêncio porque achava que qualquer resposta naquele momento causaria uma cena terrível. Ele me seguiu por toda a casa respirando fundo literalmente no meu pescoço e com os punhos cerrados. Se tivesse discutido ou aberto a minha boca, teria morrido naquela noite. Era como se ele quisesse ouvir algo para ter uma desculpa para me bater.

Continuava gritando palavras duras enquanto me seguia. Não achei que ele fosse machucar as crianças, mas não tinha tanta certeza em relação a mim. Temi pela minha vida e entrei rapidamente no banheiro e tranquei a porta. Tremia sem saber o que aconteceria enquanto ouvia coisas serem jogadas. "O que vai acontecer, Senhor?" Comecei a orar: "Senhor, é uma emergência! Venha nos resgatar!"

De repente, ouvi a porta da frente ser batida. As crianças vieram bater à porta do banheiro.

– Mãe, mãe – chamaram. – Já pode sair. O papai já foi.

Contaram-me que Mohamed levara a Bíblia, os livros e as fitas. Eu estava muito triste, brava! Era como se ele tirasse os meus únicos recursos. Estava sem forças e debilitada. Na realidade, pensei que tudo estava perdido.

Foi com o coração pesaroso que coloquei as crianças para dormir naquela noite. Entrei no meu quarto, ajoelhei-me e tive uma conversa séria com o Senhor. Contei exatamente como estava me sentindo. Havia sido injustiçada, oprimida, estava desorientada. Não tinha controle sobre minha vida. Pensei que estava perdendo a razão. Orei por sanidade. Não podia entender tanto sofrimento. "Por que, Deus? Por quê?" Eu me sentia como os filhos de Israel. Deus fazia grandes coisas por mim, então algo acontecia, eu acabava reclamando e minha fé vacilando. Então as palavras confortantes da Escritura – passagens que tinha guardado na mente – começaram a soar em meus ouvidos. "Tu, Senhor, conservarás em perfeita paz aquele cujo propósito é firme; porque ele confia em Ti" (Is 26:3). E com a doce comunhão do Espírito Santo ministrando à minha alma caí em um sono tranquilo.

Quando acordei na manhã seguinte, orei e pedi ao Senhor para me ajudar a relembrar todas as lições que Ele havia me ensinado, para que eu pudesse continuar ensinando as crianças. O culto familiar, aquela manhã, foi maravilhoso. Deus trouxe de volta à nossa memória várias verdades. Falamos sobre o Espírito Santo. Lembramo-nos das Escrituras e trechos do Espírito de Profecia. Fomos confortados e motivados espiritualmente para enfrentar os desafios do dia. Continuamos nosso culto a Deus e presenciamos o Senhor lembrando-nos daquilo que havíamos estudado e memorizado. Aconteceu exatamente como nos prometera em Sua Palavra.

Estávamos agradecidos pelo tempo que passamos guardando Sua Palavra no nosso coração, porque se não houvesse nada guardado, não haveria nada a ser restaurado. Deus disse: "O Meu povo está sendo destruído, porque lhe falta o conhecimento. Porque tu, sacerdote, rejeitaste o conhecimento, também Eu te rejeitarei, para que não sejas sacerdote diante de Mim; visto que te esqueceste da lei do teu Deus, também Eu Me esquecerei de teus filhos" (Os 4:6). Estávamos felizes por conhecer a Deus. As crianças ficavam muito empolgadas com o fato de que em todos os cultos o Espírito Santo nos trazia um tema para apresentar. Nossos cultos eram muito inspiradores e significativos.

10

Testemunha Silenciosa

Depois de aproximadamente uma semana, comecei a me sentir preocupada novamente, impaciente com Deus. Ele me dera um trabalho para fazer na Arábia Saudita e agora eu não tinha mais as "ferramentas", pensava. Passei a procurar pelos livros – estava certa de que Deus não deixaria Mohamed destruí-los. Procurei por toda a parte. Olhei até mesmo em lugares menos prováveis como o lixo. Caminhava pelas ruas orando e conversando com Deus para que me guiasse até os meus livros, enquanto verificava as latas de lixo. Não podia acreditar que haviam desaparecido. Voltei para o apartamento com o coração pesaroso e os olhos cheios de lágrimas, pedindo forças a Deus.

Não é engraçado como, quando pensamos que entregamos os problemas para Deus, de repente descobrimos que já os pegamos de volta sem perceber? Sentimos a pressão aumentar novamente e a falta de confiança também à medida que os fardos começam a pesar mais e mais. Isso normalmente dura até o dia em que nos sentimos esmagados e clamamos pela ajuda de Deus. Ele é muito paciente conosco.

Tinha acabado de fazer o jantar, quando as crianças chegaram. Mohamed trouxe-os da sessão da tarde de orações e voltou para o escritório. Pude perceber que tinham algo para me contar. O que ouvi em seguida me surpreendeu. Mohamed havia levado os meus livros para o escritório. As crianças disseram que os homens estavam lendo e conversando sobre as verdades do evangelho.

Minha alegria não podia ser contida. Louvei o Senhor pelo que Ele havia feito. Tinha levado os livros para aqueles homens, sabendo que como mulher nunca poderia alcançá-los. Sementes da verdade estavam sendo lançadas na mente daquelas pessoas – uma verdade que um dia, pela graça de Deus, germinará! Que resultado maravilhoso! Comecei a refletir sobre quão brava fiquei com Deus por ter deixado Mohamed levar os livros. E passei a louvá-Lo e a agradecer-Lhe por me usar de forma simples para ser Sua testemunha.

Deus deve ser louvado pela Sua sabedoria. Sabe o que fazer e o tempo certo de executar atos poderosos. Como precisamos confiar mais nEle! Deus não traz dificuldades sobre nós, mas trabalha em nós e através de nós para alcançar os Seus propósitos, mesmo quando nossa fé está fraca. Senti como se estivesse sempre recomeçando. Sempre me arrependendo e pedindo perdão. Estava cansada de mim mesma, mas Deus me mostrava que Ele não estava cansado de mim, porque uma vida de santificação é assim mesmo. Se falhamos em ir a Deus, depois de cairmos, então estaremos perdidos e o sentimento de desmerecimento virá em seguida. Essa é a tática do inimigo para sentirmos que Deus está cansado dos nossos atalhos e pecados repetidos.

Mal podia esperar para falar a Mohamed que eu sabia onde os livros estavam. Mas, no momento que falei, percebi que tinha feito a coisa errada. Não havia consultado o Senhor. Deveria ter sido mais paciente. Tinha que ter esperado o Senhor completar a Sua obra com aqueles livros. Mohamed ficou furioso e chamou as crianças de traidoras. Mandou uma das meninas buscar um sapato para bater nos três meninos. Ela obedeceu apreensiva. Na nossa frente, ele pegou um por um dos meninos por uma das pernas e bateu sem misericórdia. Eles gritavam e choravam. Quando não pude mais assistir àquilo, pulei no meio da confusão e tentei parar Mohamed.

– Não é culpa deles! – gritei. – Pare de bater! Você deveria bater em mim. Deixe-os em paz!

Foi uma confusão. Houve muita gritaria e choradeira. Foi horrível! De alguma forma consegui fazer Mohamed parar. Ele se virou e deu um tapa no meu rosto, causando um corte no lábio. Meus filhos gritaram:

– Mamãe, não diga mais nada! Por favor, mamãe, fique quieta!

Achavam que, se eu ficasse quieta, o pai iria parar. O desespero estampado no rosto dos meninos tocou o meu coração, e me acalmei por causa deles. Saí do local. Com certeza, jamais me esqueceria daquela noite.

Poucos dias depois, os livros começaram a aparecer, um por um. Primeiro encontrei a Bíblia e depois os outros livros e o toca-fitas. Os homens do escritório tinham rasgado alguns dos livros pequenos. As crianças falaram posteriormente que o pai havia resgatado os livros que seriam destruídos. Quão feliz eu estava em ver os livros novamente! Foi como encontrar amigos perdidos há muito tempo.

A tristeza parecia ser minha companheira de todos os momentos. Havia sempre uma nova provação à espera, logo após vencer a anterior. Estava física e mentalmente acabada. Não aguentava mais ficar dentro de casa. Então decidi levar as crianças para um parque próximo, onde pudesse ler enquanto brincavam. O clima estava extremamente quente, mas precisava sair um pouco. O tempo parecia não passar; os dias se demoravam. Era raro uma mulher ser vista sozinha fora de casa na Arábia Saudita. Na verdade, as mulheres se colocavam em perigo de estupro e sequestro.

Crimes também são praticados na Arábia Saudita, mas geralmente nada é noticiado na mídia. Os sauditas têm leis muito restritas estabelecidas pelo islamismo. Como parte da tradição, sexta-feira, depois das orações da tarde, a família toda come e sai para brincar, nadar e se divertir na praia, ou em algum parque. No entanto, sexta-feira também é dia de execuções ao ar livre.

Certa vez, as crianças e eu vimos uma multidão no centro da cidade. Perguntamos o que estava acontecendo e disseram que era uma execução. Três ladrões que haviam estuprado e matado suas vítimas foram enforcados em público. As famílias eram encorajadas a trazer as crianças para presenciar as execuções, como forma de conter o comportamento criminoso.

Já havia decidido que as crianças e eu deveríamos sair da Arábia Saudita, de forma que voltei a tomar as rédeas e tentar ajudar a Deus. Em uma de nossas caminhadas, decidi tentar um contato com a embaixada da Inglaterra ou dos Estados Unidos para ver se alguém nos ajudaria a sair do país. Fiquei muito feliz quando finalmente descobri como usar o telefone. Depois de gastar o que parecia uma fortuna, consegui entrar em contato com a embaixada americana. Relatei as minhas experiências, e para meu desespero o oficial disse que não poderia me ajudar e que existiam muitas mulheres em condições similares na Arábia. Estava acabada. Não ajudou muito saber que outras estavam passando pela mesma situação.

Estava concentrada no meu desapontamento quando, de repente, ouvi as crianças gritarem: "Papai, papai". Mohamed tinha acabado de chegar. Obviamente estivera procurando por nós. Não esperava que ele fosse voltar para casa naquele horário. Saiu do carro furioso e começou a pegar as crianças e forçá-las a entrar no carro. Entrou e foi embora, deixando-me sozinha e em estado de choque.

Tinha medo de ir para casa, mas tinha que ir porque as crianças precisavam de mim. "Ó Deus", orei, "onde estás?" Qualquer coisa que acontecesse, sabia que Deus havia prometido nunca me deixar e Ele não permitiria que viesse sobre mim algo que eu não pudesse suportar. Confiante que Deus estava ao meu lado, fui para casa. Mohamed encontrou-me à porta e tomou as chaves do apartamento de mim. A partir dali, eu era uma prisioneira. Ele trancava o apartamento toda vez que saía e levava as crianças para o trabalho com ele. O meu tempo com elas agora era muito limitado.

Permaneci em constante comunhão com Deus, pedindo pelos meus filhos e pelas influências a que estavam sendo expostos. Toda vez que precisava de uma palavra de conforto, Deus me falava através da Bíblia. Jesus disse: "O Meu rebanho ouve a Minha voz", e aprendi a reconhecer a voz de Deus como nunca antes. Aleluia!

11

Um Teste Para o Amor de Mãe

Mohamed nunca escondera suas intenções de converter nossos filhos à religião islâmica. Sempre falava de seus planos para os três meninos.

O Senhor mantinha-me a par das coisas através de sonhos. Em um sonho, encontrava-me num carro com os filhos. De repente, vi-os sendo levados por alguma razão desconhecida. Não pude virar-me e ajudá-los. Fiquei somente com as duas filhas. Peguei-as pela mão e agora nos encontrávamos num caminho estreito. Tudo estava escuro ao redor. Olhei para cima e vi um coração vindo do céu. Quando estava perto, reconheci que era de anjos e no cume tinha dois pilares com os dez mandamentos. O coração significava amor. "Se Me amais, guardareis os Meus mandamentos" (Jo 14:15), era a instrução. Continuei no caminho estreito, cuidando para não escorregar ou soltar as minhas filhas e deixá-las cair no despenhadeiro. Acordei totalmente conturbada.

No dia 26 de novembro de 1989, Mohamed acordou e disse que estava levando as crianças para a praia. Mesmo sendo bem estranho, não questionei. Quando estavam quase saindo, ele falou que levassem as jaquetas. Não podia entender por que precisavam de jaquetas uma vez que estava bem quente do lado de fora. Cochichei para Adam que estava incomodada e parecia que algo estava prestes a acontecer, mas Adam olhou para mim e disse: "Não se preocupe, mãe, tudo ficará bem." Saíram enquanto eu os observava até que se distanciaram completamente. No fundo, no fundo eu desconfiava que algo estava errado.

Por volta das 9 horas, ouvi uma batida na porta. Quando atendi, encontrei Sammy e Mona com expressões muito tristes. Convidei-os a entrar. Depois de se assentarem, contaram-me que Mohamed e os meninos tinham partido para Medina, onde começariam classes num internato islâmico. Eu soluçava e perguntava pelas meninas. Asseguraram-me que estavam bem e na casa deles. Quando saímos para encontrar as minhas filhas, Sammy entregou um envelope com uma nota de Mohamed. Dizia: "Infelizmente tive que fazer as coisas desse jeito. De outra forma, você teria criado muito espetáculo. Estarei de volta em dez dias. Aqui estão trezentos *riyals* para você comprar comida."

Não podia acreditar no que estava acontecendo. Estava sonhando? Não pude nem me despedir dos meus filhos. Como pôde Mohamed fazer isso comigo? Em casa, fui ao quarto dos meninos e deparei-me com colchões e roupas. Tudo estava quieto e vazio. Todas as roupas deles estavam lá. Não levaram nem mesmo as escovas de dentes. Mas tinham ido embora, e para bem distante.

Com o passar dos dias, orava ao Senhor por segurança para os meus filhos. Orei para que Mohamed repensasse o que havia feito e os trouxesse de volta para casa. Esperei por dez dias. O tempo parecia engatinhar. Quando o décimo dia finalmente chegou, esperei ansiosamente que a campainha tocasse e Mohamed entrasse com meus três filhos. Mas aquele dia veio e passou como os outros nove, sem uma palavra de Mohamed.

No dia seguinte, acordei cedo, arrumei as meninas e fomos até o lugar onde Mohamed trabalhava. Cobria a minha cabeça quando algum homem se aproximava. Sabia que era estranho para eles verem uma mulher no corredor com duas filhas. Os homens ficavam incomodados de ver uma mulher na recepção – isso não era aceitável. Estava desesperada para saber se os meus filhos estavam ali. Finalmente vi um dos amigos de Mohamed e perguntei se sabia a respeito dele. "Onde estão os meus filhos? Quando ele vai voltar? Não era para terem voltado ontem?" Ele disse que não sabiam nada a respeito de Mohamed. Voltei para casa desapontada.

Duas semanas se passaram, quatro semanas, seis semanas e nenhuma notícia sobre meus filhos, nem sinal de Mohamed. Continuei indo ao escritório três ou quatro vezes por semana, na esperança de ter alguma notícia, qualquer notícia. Já não me importava mais com o que pensariam de mim. Só queria saber onde estavam os meus filhos. O dinheiro que o meu marido deixara durou duas semanas. A comida tinha se acabado em nossa casa e agora minhas filhas e eu estávamos com fome; morreríamos se não houvesse intervenção. Era inverno e o apartamento era muito frio.

Estava ficando cada vez mais desesperada. Como não falava a língua local, orei e pedi a Deus sabedoria para saber o que fazer para obter comida para as minhas filhas. Tinha que fazer alguma coisa. Afinal de contas, as meninas dependiam de mim. Lembrei-me do Salmo 37:25: "Jamais vi o justo desamparado, nem a sua descendência a mendigar o pão." Isso me encorajou, e tive certeza de que Deus não permitiria que passássemos fome.

Peguei os recipientes vazios de arroz e óleo e outras coisas e fui batendo de porta em porta pela vizinhança. Quando lhes mostrava as vasilhas vazias, sabiam exatamente o que eu precisava e as enchiam. Uma vizinha foi tão generosa que chegou a cozinhar para nós em várias ocasiões diferentes, além de nos enviar uma bandeja com frutas e verduras. Essa vizinha também me ajudou a enviar algumas cartas para a minha família.

Da mesma forma que Deus enviou os corvos para alimentar Elias, Ele enviou pessoas para nos alimentar. O Senhor multiplicou tudo o que tínhamos e minhas filhas passaram a engordar.

Depois de dois meses de isolamento, ansiedade e noites sem dormir, estava preparada mentalmente para matar Mohamed pelo que tinha feito. Até mesmo me imaginei enfiando uma faca no seu coração e me sentindo bem ao vê-lo morrer. O Senhor tinha que fazer algo por mim.

Enquanto esperava, percebi que havia várias lições que devia aprender. Aprendi durante aquele período que precisava de amor no meu coração para poder ser uma vencedora, e não ódio e ira. Precisava do amor de Deus, o amor *ágape*, para lidar com a hostilidade que sentia em relação a Mohamed. Passei a ver quão desesperada estava. Não estava satisfeita com a pessoa que eu era. Sempre pensei que era uma boa cristã, fazendo o bem a todos. Mas agora fiquei face a face com a verdade.

Era uma assassina, pronta para matar um dos seres criados por Deus. Tive muita vergonha de mim mesma quando Deus me mostrou essas coisas e a Sua preocupação com a minha salvação. Eu necessitava ser purificada. Deus tinha que me limpar e remover toda a escória do pecado.

Havia muitos traços de caráter pecaminosos na minha vida mascarados pelo meu senso de justiça própria. As circunstâncias trouxeram esses pecados à tona e me surpreendi quando soube quão longe tinha ido. As Escrituras dizem que, quando achamos que estamos em pé, caímos. Esta foi uma experiência de humildade, quando percebi que não era nem um pouco melhor do que Mohamed. Durante aquele período de espera, Deus testou a minha paciência e mostrou-me que o amor era a única arma que me daria a vitória. Era uma batalha ferrenha com o eu, mas escolhi o amor. Comecei a passar várias horas ajoelhada, conversando com o Senhor, pedindo forças para enfrentar as provações e direção sobre como receber e tratar Mohamed quando ele retornasse.

As meninas e eu decidimos visitar Zainup, e formamos o hábito de visitá-la uma ou duas vezes por semana. Elas brincavam com os filhos de Zainup, enquanto ela e eu cozinhávamos e comíamos juntas. Conversávamos sobre os Estados Unidos e o estilo de vida do qual sentíamos tanta falta. Aprendi muitas coisas sobre a sua família e como havia conhecido e casado com o seu marido sírio.

Com frequência caminhávamos até o supermercado. Zainup entendia as minhas dificuldades. À medida que nos conhecemos melhor, passou a me falar sobre os abusos físicos cometidos pelo seu marido. Ela nunca fazia nada certo, e ele estava sempre ameaçando arrumar uma segunda esposa. Tornamo-nos amigas, e pude compartilhar a minha experiência com o Senhor e a história do evangelho. Ainda mais importante, contei que Jesus a amava e cuidava dela.

Aquele Natal foi uma ocasião de muita solidão para as meninas e para mim. Foi difícil incorporarmos o espírito do Natal. Não sentíamos o aconchego que normalmente tínhamos nessa época do ano, quando nos juntamos em um quarto do apartamento que havia se tornado o nosso lar. Entramos debaixo das cobertas e ficamos bem juntas, pensando em nossa família e na alegria de outros natais.

Uma semana depois era o ano-novo e, outra vez, faltou alegria. Não sabíamos como e onde os meninos estavam. As meninas sentiam muita saudade deles. Estavam tentando superar aquela situação da melhor maneira possível, mesmo naquela idade. Começaram a brincar com amigos imaginários chamados Shannon, Hackis e Lena. Brincavam de se arrumar e procuravam qualquer coisa que as fizessem rir. Algumas vezes ficavam sentadas quietas chupando o dedo. Era visível que estavam pensando na ausência de seus irmãos e pai. Outras vezes suspiravam, quando deitavam no meu colo e pediam que eu fizesse cócegas. Precisavam rir. Como a Bíblia diz: "O coração alegre é bom remédio" (Pv 17:22).

Mesmo que o meu coração estivesse doendo, fazia-as rir passando os dedos pela região das costelas. Era difícil para mim, e muitas vezes simplesmente olhava para longe, com tristeza e lágrimas. Não queria que me vissem chorando. Já estavam tristes o suficiente. À noite, quando dormíamos juntas, as meninas colocavam-me entre elas e me pediam que contasse uma história após a outra. Era difícil para mim, porque eu também estava triste. Mas me esforçava pelo bem delas.

12

Tempo de Provações

No dia 11 de janeiro de 1990, Mohamed retornou. Recepcionei-o com os braços abertos e um beijo no rosto. Meu coração estava cheio do amor divino – não o meu amor, mas o amor de Deus por ele. Quando ele entrou, espiei do lado de fora para ver se os meninos estavam se escondendo atrás da porta para me surpreender. Mas o corredor estava vazio e o meu coração afundou na maior das profundezas.

As meninas estavam em cima de Mohamed enquanto ele desfazia as malas. O papai estava em casa e estavam felizes em vê-lo. Comecei a preparar alguma coisa para ele comer e perguntei sobre os meninos. Ele insistiu que estavam bem. Tinham se acomodado e estavam felizes, Mohamed garantiu. Não acreditei nele a princípio. Como poderiam estar felizes longe do único lar e família que conheciam?

Naquela noite, Mohamed dormiu no quarto dos meninos. Estava frio. Tínhamos dois aquecedores portáteis que Sammy tinha nos dado, mas como somente as meninas e eu estávamos no apartamento, mantínhamos somente um quarto aquecido. Enquanto me preparava para dormir com as meninas, meu coração se compadeceu de Mohamed dormindo no quarto frio. Então levei um dos aquecedores e o coloquei no quarto perto dele, para que se sentisse aquecido e confortável. Voltei e dormi com as meninas.

No dia seguinte, Mohamed informou-me que estaria viajando em quatro dias para a capital Riad, onde disse que tinha uma oferta de trabalho. De forma que nos deixou com a promessa de nos visitar uma vez por semana ou a cada duas semanas. Era óbvio que não nos queria por perto. Nem ofereceu a possibilidade de nos levar com ele. Quando o vi saindo, meu coração se entristeceu com o pensamento de solidão novamente. Não tinha escolha a não ser aceitar sua decisão.

Ao final de cada semana, que na Arábia cai na quarta-feira, ficava esperançosa de que Mohamed viesse para casa. Diversas vezes durante o dia eu ia até a janela na esperança de ver o seu carro. Riad estava a cerca de três horas de viagem. Mas manhãs viravam tardes e noites, e a minha ansiedade tornou-se em desespero.

Sentia falta da companhia de um adulto. Eu ficava feliz com a companhia das minhas filhas, mas precisava de alguém para conversar. Estava me cansando de só brincar com as meninas; precisava de uma conversa adulta, mesmo que fosse com alguém tão cruel comigo como Mohamed. Vivia na esperança de ouvir a fechadura da porta mexer. Ele tinha o hábito de não dizer quando chegaria em casa. Portanto, cada final de semana a ansiedade aumentava com a possibilidade de sua chegada. E o desapontamento vinha em seguida.

Isso continuou por várias semanas. O sentimento de solidão começou a me consumir. Comecei a ter pesadelos. Pensava frequentemente nos meus filhos e imaginava-os chorando de saudades. Algumas vezes eu acordava no meio da noite suando e clamando ao Senhor que cuidasse dos meus meninos. A angústia mental estava quase me deixando louca, e sempre orava a Deus para que preservasse a minha sanidade. Deus prometera manter-me em perfeita paz.

Certa noite, o Senhor mostrou-me em sonho que eu precisava orar mais. Para isso acontecer, pedi a Ele que me acordasse cedo de manhã para nos encontrarmos e gastarmos tempo juntos. Não tínhamos um despertador. Deus é tão bom! Foram incríveis as várias maneiras que Ele usou para ajudar-me a manter o nosso compromisso. Por exemplo, certa manhã, acordei com dor de cabeça; mal comecei a orar e a dor de cabeça passou. Algumas manhãs acordei com dor de dente, que passava quando começava a falar com Deus. Certa manhã, minha filha entrou no quarto, encostou em mim, foi embora e voltou a dormir. Outra vez, ouvi a voz da minha mãe falando. Pulei da cama para responder; era hora de orar. Reconheci a atenção de Deus nessas ocasiões. Cada manhã um agente especial de Deus, através do Espírito Santo, acordava-me até que o hábito se consolidou.

Ficou evidente para mim que estava sendo o objeto de uma batalha ferrenha entre as forças da luz e das trevas, Cristo contra Satanás. À medida que lia e estudava a Palavra de Deus, o meu relacionamento com Ele se fortalecia. Eu orava por uma experiência que me trouxesse para mais perto dEle.

Havia ocasiões em que essa batalha se tornava um desafio físico para a minha vida. Satanás queria me ver morta. Durante a noite, enquanto as meninas dormiam, senti a presença de alguém no quarto. Senti que o quarto estava cheio de demônios, e experimentei um medo indescritível. A minha cama chacoalhava enquanto vagarosamente começava a levitar. Outras vezes tinha o sentimento de que toda a minha vida estava sendo despedaçada. Era difícil respirar. Então eu clamava ao Senhor em minha mente: "Salva-me, salva-me! Jesus, salva-me!"

O medo era muito grande. Frequentemente eu sentia como se uma corrente elétrica passasse pelo meu corpo, como se a mão de Satanás estivesse tentando fazer algo contra mim. Implorava ao Senhor: "Não deixe que ele seja vitorioso! Não deixe que ele tome a minha vida." Depois de um momento, vinha a sensação de alívio; podia ouvir a voz suave e tranquila do Senhor falando que deveria permanecer calma porque a minha vida estava em Suas mãos. Ele falava claramente; toda vez a Sua voz era como um remédio para o meu frágil corpo, reavivando-me e dando-me fôlego para que vivesse.

Ficava cada vez mais evidente que "a nossa luta não é contra o sangue e a carne, e sim contra os principados e potestades, contra os dominadores deste mundo tenebroso, contra as forças espirituais do mal, nas regiões celestes" (Ef 6:12).

Em qualquer lugar onde houver uma testemunha do Senhor, Satanás procurará anular essa testemunha e trazer desânimo. Ele é um inimigo feroz. Apocalipse 12:17 diz: "Irou-se o dragão contra a mulher e foi pelejar com os restantes da sua descendência, os que guardam os mandamentos de Deus e têm o testemunho de Jesus."

Posso testemunhar que Satanás não é um mito ou um conto; é real, como Deus é real.

Minha experiência nem sempre foi de triunfo. Houve ocasiões em que pensei que preferia morrer a viver dessa maneira. Muitos dias foram marcados pela dor e sofrimento. Gastava boa parte do tempo sem esperança, à janela. O suicídio parecia uma alternativa aceitável para o tipo de vida que estava vivendo. Mais de uma vez, senti um impulso de jogar as meninas pela janela e me jogar em seguida, e acabar com essa vida miserável. Mas cada vez Deus enviava o Espírito Santo e anjos excelentes em força, os quais me confortavam e me salvavam de mim mesma.

Emocional, física e mentalmente eu estava chegando ao limite. Pesava somente 40 quilos e meus cabelos caíam na minha mão. Estava fraca de tanto chorar, agonizar, jejuar e orar durante o dia e a noite. Além disso, estava angustiada pelos meus filhos, dos quais não tivera notícias, desde que foram levados de casa. Estava preocupada com o bem-estar deles. Sempre me levantava no meio da noite impressionada pelo Senhor a orar por eles. Sentia que algo estava errado e clamava a Deus que, em Sua misericórdia, atentasse para as suas necessidades.

Foi uma época de muitas provações. Não podia nem imaginar os meus filhos sofrendo da maneira que eu estava. Implorei a Deus que os deixasse morrer onde estavam e não permitisse que sofressem. Clamei: "Senhor, leva-os. Preferiria saber que eles foram sepultados e estão longe desta batalha. Por que, Deus? Por que estamos sofrendo assim?"

Refleti sobre a minha vida e a maneira como ignorara a Deus no passado. Como saí de Seu lado e fiz as minhas próprias escolhas, desobedecendo às Suas instruções para a minha vida. Primeiro, fiquei brava com Deus. Comecei a imaginar que Deus estava me punindo pelas falhas do passado. O pensamento que vinha era que "o salário do pecado é a morte; mas o dom gratuito de Deus é a vida eterna" (Rm 6:23). Poderia ter morrido e teria merecido. Mas Deus, em Sua misericórdia, não me deu o que eu merecia; pelo contrário, ofereceu-me a vida eterna. Colocou uma barreira de proteção ao meu redor quando não me lembrava dEle.

De repente, pensei em quão abençoada era pelo fato de ter uma mãe que orava por mim. "Obrigada, Senhor, pelas mães que oram!" Minha mãe era uma senhora especial, uma mulher de fé, que nunca parou de interceder por mim. Por causa de suas orações, acredito que estive protegida das maldades do mundo. Dei louvores a Deus por ter guardado uma pessoa tão sem méritos quanto eu.

Entendi, pela primeira vez, que os meus filhos não eram meus. Pedi perdão a Deus por ter orado pela morte deles. Fui convencida pelo Espírito Santo de que estava errada, de que o egoísmo tinha sido o motivo daquela oração e de que não estivera confiando em Deus como deveria. Eu estava preocupada em tornar as coisas mais fáceis para mim. Porém, sabia que Deus entendia o meu coração e me recusei a viver com sentimento de culpa. Deus me perdoara.

13

Tentada e Provada

Em um dos poucos finais de semana que Mohamed veio nos ver, trouxe um imã para tentar me converter ao islamismo. Imãs são os homens santos do islamismo e os líderes das mesquitas. Eles sabem o Alcorão e todas as orações de cor. Usam barbas longas para ser facilmente identificados entre a população. Para minha surpresa, esse homem trouxe três versões diferentes da Bíblia. Perguntei como era possível ter tantas Bíblias em um país onde o cristianismo era proibido. Ele riu e disse:

– Sou muçulmano, um imã. Posso usar a Bíblia para provar que o cristianismo está errado.

Passou então a mostrar-me o que, para ele, eram contradições na Bíblia.

Enquanto ele falava, eu estava orando a Deus por sabedoria para responder-lhe. Satisfeito com a sua apresentação, ele se encostou para trás orgulhoso e esperou pelo meu ataque. Fitei os seus olhos e passei a contar-lhe tudo que Jesus Cristo tinha feito por mim e a expressar confiança no que estava fazendo por mim naquele momento. Senti sabedoria provinda de Deus. Acredito que o Espírito Santo estava no controle da situação, falando de maneira que surpreendia até mesmo a mim.

Pude sentir que o imã se tornava mais e mais irritado. Sua impaciência foi aumentando e sua bondade diminuindo. Passando de um desafio intelectual para um emocional, ele perguntou:

– Você quer os seus filhos de volta?

– Sim, é lógico – foi a minha resposta. – Por que vocês decidiram separá-los de mim, afinal? Se você acredita que a sua religião é a verdade, por que vocês me veem como uma ameaça? Afinal, sou somente uma mulher fraca e frágil; não sou uma ameaça para vocês, homens.

Implorei que permitisse ter os meus filhos de volta. Ele prometeu deixar, se eu aceitasse o *Shahadah*. Essa é uma profissão de fé que afirma: "Não há outro Deus além de Alá, e Mohamed [Maomé] é o seu profeta." Essas palavras fazem parte da iniciação de uma pessoa na religião muçulmana.

A tentação de fazer o que estavam me pedindo era grande. Muitas coisas passavam na minha cabeça enquanto considerava a ideia de me tornar uma muçulmana. Teria meus filhos de volta. Naquele momento, isso era tudo o que me importava. Comecei a expor a situação para Deus e racionalizar. Afinal, pensei, eu poderia fingir que era uma muçulmana. Eu sabia exatamente o que fazer e como me comportar. As sementes daquela ideia estavam encontrando lugar na minha mente. Queria os meus filhos de volta desesperadamente. Poderia me comportar como uma muçulmana, mas Deus saberia que o meu coração pertencia a Ele. Essa parecia ser a única maneira de ter a paz de volta no meu lar e no meu casamento. O meu marido me amaria novamente. Meus filhos voltariam para mim. Seríamos uma família.

Vários outros imãs vieram conversar comigo, tentando me convencer de qualquer maneira a me tornar uma muçulmana. Deixaram livros e fitas cassetes para que eu aprendesse sobre o islamismo. Li e ouvi com a mente aberta para saber a verdade, mas nada permaneceu no meu coração como a Palavra de Deus. A Bíblia estava enraizada em minha mente de maneira tal que não conseguia esquecê-la, mesmo que tentasse.

Esses homens sempre usavam os meus filhos para me convencer a tornar-me muçulmana. Diziam: "Se você somente orar a Alá, terá seus filhos de volta... Você não os ama?... Torne-se muçulmana."

Tinha que parar com essa tortura. A questão estava decidida. Tinha considerado minhas opções com muita oração. Imaginei o meu Salvador sendo tentado, depois do Seu batismo, quando foi para o deserto jejuar e orar, preparando-se para Sua missão. Satanás O tentou quando Ele estava em Seu momento mais frágil. Mesmo assim não cedeu à tentação. Como Cristo resistiu no ponto mais importante de Sua batalha contra o inimigo, fui capaz de dizer: "Para trás, Satanás."

Falei para Mohamed e os imãs que podiam ficar com os meus filhos porque a palavra deles não era garantia de que os veria novamente, mesmo que mudasse de fé e aceitasse o islamismo. No entanto, a fé em Jesus e a confiança nas Suas promessas e o descanso na Sua Palavra me davam segurança que, mesmo se nunca mais visse meus filhos aqui na Terra, iria vê-los no reino do Céu.

Os homens acharam que eu havia ficado louca. Falaram que eu não amava os meus filhos, mas respondi que era por causa do meu amor por eles que podia fazer esse sacrifício.

Mohamed estava confuso e surpreso com a minha decisão. Depois de ter apresentado minha posição, senti mais força espiritual, física e emocional do que em muitos meses. Os imãs estavam irados, desapontados e surpresos com a minha obstinação, de forma que foram embora sem dizer uma palavra.

Não percebi naquele momento, mas foi necessária toda a força que eu tinha para resistir àqueles imãs. Quando saíram, senti-me oprimida pela maneira com que o Espírito de Deus me usara. Com o passar dos dias, senti saudades dos meus filhos; orei por eles, e todos os momentos felizes que passamos juntos voltaram à minha mente. Pedi ao Espírito Santo que os lembrasse daquele culto que tivemos e falamos sobre José, para que continuassem firmes e confiantes que Deus iria livrá-los um dia.

Certa noite, deitei na cama e comecei a chorar descontroladamente. A agonia física e mental parecia uma nuvem negra ao meu redor, e eu não percebia nenhuma saída. Clamei a Deus: "Ampara-me, ampara-me, ó Senhor." Eu me arrastava porque não tinha forças para me levantar. Mais uma vez questionei o Senhor por que eu tinha que sofrer tanto. Será que já não tivera a minha parcela de sofrimento? "Senhor, por que estás fazendo isto comigo?" Estava brava com Deus e queria que Ele soubesse disso. "Tu não podes me confortar", gritei. "Meus filhos se foram. Pensei que tinhas dito: 'Deixai vir a Mim os pequeninos'. Onde estão os meus que tinha confiado a Ti? Nada pode me confortar. Esta agonia é tão profunda que nem Tu, Deus, podes me confortar. Por que não me deixas morrer?"

Enquanto estava ali deitada, e meu corpo doía por dentro insuportavelmente, o meu pranto acabou por se transformar em soluços e comecei a ter visões do Calvário. Vi Cristo na cruz e percebi que o Seu sofrimento foi muito maior do que o meu. Ele sofreu pelos pecados do mundo inteiro. Levou não somente os meus pecados para a cruz, mas os pecados de todos os habitantes terrestres do passado, presente e futuro. Sua glória apareceu como num flash perante mim no momento que levantei a cabeça para pegar a Bíblia. Puxei-a para mais perto. Os meus olhos estavam cheios de lágrimas quando abri a Bíblia e procurei ouvir a Sua doce e terna voz. As páginas abriram-se em Jeremias 31; era o livro que eu estava lendo em minhas devoções pessoais.

Li o capítulo inteiro, mas nada fazia sentido para mim. Implorei para que Deus falasse comigo. Estava desesperada para ouvir a Sua voz. Os meus olhos passaram a se demorar nos versos 15 a 17, quando reconheci que Deus mais uma vez Se mostrava presente e com as palavras que eu precisava ouvir. Ele disse: "Assim diz o Senhor: Ouviu-se um clamor em Ramá, pranto e grande lamento; era Raquel chorando por seus filhos e inconsolável por causa deles, porque já não existem. Assim diz o Senhor: Reprime a tua voz de choro e as lágrimas de teus olhos; porque há recompensa para as tuas obras, diz o Senhor, pois os teus filhos voltarão da terra do inimigo. Há esperança para o teu futuro, diz o Senhor, porque teus filhos voltarão para os seus territórios."

Imediatamente abri os olhos. Senti uma onda de vida nova passar pelo meu frágil corpo. Estava voltando a viver; a esperança fazia a vida brotar novamente. Senti que a manhã da vitória havia despontado. Agradeci, louvei e pedi perdão a Deus por ter duvidado dEle. Agora, sabia que Ele nunca me abandonara; havia estado me carregando nos momentos em que me senti mais sozinha e desesperada. Ele ouviu o meu pranto e respondeu.

Senti-me encorajada para seguir adiante. Confiei que os meus filhos seriam devolvidos para mim. Não tinha ideia quando isso aconteceria, mas por agora estava satisfeita com a alegria e segurança de saber que todas as coisas estavam nas mãos de Deus.

Deus me deu a oportunidade de continuar a testemunhar dEle em meu lar. Tinha que ser forte pelas meninas e, ao mesmo tempo, era importante que fosse uma testemunha fiel diante de Mohamed.

A esta altura, no entanto, estava saturada da Arábia Saudita. Dia após dia, encontrava-me à janela orando fervorosamente a Deus para que enviasse um exército que nos resgatasse. Esse parecia ser o único jeito de sair dessa situação, já que não tinha dinheiro ou outra maneira de escapar com as minhas filhas. Não tinha dúvida de que o meu Deus tinha poder para fazer o que quisesse por Seus filhos. Como seguidores de Cristo, somos a menina dos Seus olhos. Como Seus filhos, somos especiais à Sua vista, e Ele é o fogo consumidor para com o ímpio, especialmente para com aqueles que fazem o mal para os Seus. Várias vezes senti pena de Mohamed porque não tinha ideia de quão grande e poderoso é Deus. Continuava adorando o Senhor enquanto esperava por libertação.

Mohamed não desistiu do seu desejo de me converter ao islamismo. Continuou enviando imãs muçulmanos para falar comigo.

Mas cada reunião era uma oportunidade a mais para testemunhar o que Jesus significava para mim. Esses homens vinham preparados. Eles tinham estudado a Bíblia para que pudessem refutar tudo o que eu dissesse. Algumas vezes, pareciam mais conhecedores da Bíblia do que eu, mas Deus me deu sabedoria e tornei-me um instrumento para Ele. Tudo o que perguntavam, eu respondia com conhecimento e fluência. Abria a boca e Deus fazia fluir as palavras certas.

Com frequência, os imãs eram impacientes, nervosos e hostis comigo. Afinal de contas, eu era uma mulher. No desespero para manter a "dignidade", desafiaram o meu amor pelo meu marido e filhos quando recusei aceitar o islamismo.

14

Novas do Exterior

Um final de semana Mohamed voltou de Riad para nos ver. Gostaria que ele ficasse, mesmo que ele odiasse a minha presença. Sentia saudade de uma companhia adulta e alguém para conversar na minha língua. Mudarmos para Riad com ele estava fora de cogitação. Disse que não estava pronto para viver conosco e que talvez nunca estivesse porque eu não queria ser muçulmana.

Naquele final de semana, ele levou as meninas à mesquita para orar enquanto permaneci em casa. Olhando pela casa, notei a sua pasta no chão na sala de estar. Um sentimento estranho de curiosidade me veio. Senti-me impressionada a abri-la. Hesitei a princípio, mas não resisti e comecei a olhar o que havia dentro. Não estava preparada para o que encontrei. Havia cartas que eu tinha escrito e pedido para Mohamed enviá-las. Havia cartas da minha família que nunca foram entregues para mim. "Deus, como poderia este homem ser tão mau? Não quero mais permanecer neste casamento; porém, não tenho outra alternativa." Supliquei a Deus: "Se houver algo escondido, mostre-me para que eu possa sair deste casamento."

Enquanto continuei procurando, encontrei um envelope com selo da Índia. Que estranho, pensei comigo mesma. Ele está em contato com quem na Índia? Havia uma carta escrita em inglês em um envelope com uma apresentação escrita em urdu, um dialeto da Índia. A letra da carta em inglês era conhecida. Após examinar um pouco mais, notei que tinha três tipos de letras diferentes e que a carta era dos meus filhos. Tinham apanhado uma folha e cada um escrevera cinco linhas. Estavam pedindo os brinquedos e queriam que "papa" e eu nos acertássemos para que pudessem voltar para casa. Imploravam que não os esquecêssemos. O meu coração partiu quando li aquelas palavras.

A essa altura, as lágrimas já rolavam. Mal dava para enxergar, mas rapidamente copiei o endereço. Muitas perguntas inundaram a minha mente. Por que estavam na Índia? Mohamed tinha dito que os levara para Medina. Tinha mentido para mim, e não havia gostado disso. Não sei qual teria sido a diferença se tivesse sabido da verdade antes, mas fiquei sentida com o fato de que o vil Mohamed tinha mentido para mim.

Continuei procurando coisas na pasta e achei outro envelope. Dentro tinha um envelope com um cartão com as palavras: "Desejando que você estivesse aqui" na frente. O meu coração passou a bater rápido. "Desejando que você estivesse aqui", repeti para mim mesma enquanto lia aquelas palavras. Tudo indicava que tinha sido escrito por uma mulher que teria estado com Mohamed na Índia. Obviamente tiveram um caso. Rapidamente anotei aquele endereço também. Com os dois endereços na mão, fechei a mala e fiquei em pé.

Os meus joelhos estavam fracos, o meu corpo necessitava de energia. Sentia-me como se todo o sangue tivesse sido drenado do corpo. Comecei a andar para um lado e para outro sem saber o que fazer. Quais eram as minhas opções? Uma ideia que me veio à mente foi a de ser amigável com Mohamed e pedir que me deixasse voltar para casa para renovar o meu registro de estrangeira que estava prestes a vencer. Esse plano me permitiria buscar ajuda para os meus filhos na Índia e planejar a sua fuga. Mas o que aconteceria com as meninas? Mohamed nunca me deixaria sair do país. Se tivesse um jeito de resgatar os meninos, perderia as meninas.

Muitas ideias me passaram pela mente. O meu coração estava despedaçado e a mente confusa enquanto caminhava em círculos pedindo a Deus por direção.

Os meus pensamentos foram interrompidos pelo barulho de chave na fechadura. Corri para o quarto e escondi os dois endereços. Não sabia o que dizer. Então decidi contar a verdade. Ele ficou muito bravo comigo por ter aberto a sua pasta, mas, percebendo a minha dor e desespero, manteve-se sob controle. Ele explicou que a mulher era uma amiga que encontrara na Índia e tentou me assegurar que os meninos realmente estavam bem. Parecia que o seu coração estava amolecendo. Ele começou a falar sobre os planos para nos mudarmos para Riad, onde ele estava trabalhando e vivendo nos últimos dois meses. Várias semanas depois, fomos para lá.

Riad foi uma mudança bem-vinda. Havia influências culturais mais diversas lá, e sentia-me mais em contato com o mundo ao meu redor. Os primos de Mohamed, que haviam retornado da Inglaterra, uns dez anos atrás, moravam lá. O marido era médico e sua esposa dona de casa. Eram muito amáveis. Apesar de também serem muçulmanos, não eram rígidos seguidores dos costumes. Eles tinham amigos de todas as partes do mundo.

Foi numa de suas festas que conheci Anna, uma jovem inglesa. Ela havia se casado com um jovem antilhano, de Barbados, e tinham dois filhos. A família de Anna não era praticante de nenhuma religião cristã, e também não estava envolvida com o islamismo. Tornamo-nos amigas rapidamente, e lhe contei tudo que havia acontecido comigo desde que mudara para a Arábia Saudita. Ela se admirou de minha fé em Deus; passamos tempo juntas quando levávamos as crianças para nadar na piscina das mulheres e cozinhávamos.

Pouco tempo depois, Mohamed instalou um telefone no apartamento, mas ligações interurbanas eram restritas e eu só podia ligar na área urbana de Riad. Contei para Anna em uma ligação que estava com saudades da minha família e especialmente da minha mãe. Ela disse que ligaria para eles na Inglaterra e contaria a minha situação. Deu-lhes o número do meu telefone e as horas do dia em que Mohamed não estava em casa. Foi maravilhoso receber notícias de casa e me comunicar com a família. Foi confortador saber que eles estavam orando e jejuando pelo retorno seguro dos meninos e por nossa libertação. A vida na Arábia era bem melhor em Riad porque havia pessoas de outros países e eu me sentia mais à vontade podendo conversar com adultos que falavam a minha língua e conseguir algumas comidas com as quais estava acostumada. Os muçulmanos não eram tão ortodoxos e rígidos como em Damman.

O meu coração ainda doía pelos meus filhos. Anna e eu conversamos muito sobre o Senhor, e sua fé crescia dia após dia à medida que falávamos de Deus e das coisas maravilhosas que Ele havia feito por mim. Anna queria me ajudar a fugir. Já que não aguentava mais me ver sofrer, ela ligou para a embaixada para descobrir se existia alguma maneira de me tirar do país com as meninas, para que pudéssemos buscar os meninos na Índia. Mas as respostas não eram esperançosas; não havia muito que pudessem fazer. Os sauditas tinham a palavra final.

Anna continuou ligando para amigos nos Estados Unidos para ver o que poderia ser feito por mim. Alguém lhe forneceu um número de telefone de um grupo cristão em Chipre. Os missionários de lá estavam querendo mandar alguém para me ajudar a escapar pelo deserto em direção a Chipre. Aparentemente tinham ajudado outras pessoas no passado. A princípio parecia uma boa ideia. Eles queriam ter uma ideia de onde estávamos localizados. Orei a respeito e senti que estava tomando decisões antes de Deus. Não achava que essa era a forma de escape que Deus em Sua providência havia planejado para mim. Não queria deixar a Arábia Saudita numa fuga arriscada.

Sabia que Deus tinha uma missão para eu cumprir na Arábia Saudita. Sentia-me honrada de ter uma parte nessa grandiosa obra.

Não tinha que fugir como se tivesse feito algo errado; de jeito nenhum daria a Satanás o prazer de me ver correndo à noite, com medo e atormentada sem saber se sobreviveria. Não, eu servia ao grande Deus, que me devolveria a dignidade e mostraria para Mohamed quem é o Senhor e Rei. Tinha certeza de que Deus me libertaria quando fosse o tempo certo e quando a Sua obra através de mim estivesse terminada, e depois da volta dos meus filhos. Não havia esquecido aquela noite em que Deus falara comigo através das palavras de Jeremias. Continuei a orar por graça, porque Ele havia dito que Sua graça era suficiente.

Agradeci a Anna a diligência e contei que não era a vontade de Deus que escapássemos daquela forma e que, quando Ele tivesse terminado de usar-me ali, faria um grande milagre para nos libertar. Eu precisava esperar pelo retorno dos meus filhos para que voltássemos juntos, lado a lado, para que pudesse olhar para o lado e ver todos os cinco, com o cinto de segurança preso enquanto o avião decolava. Anna compreendeu, por ser mãe, e admirou a minha fé e confiança em Deus.

15

Juntos Novamente

Seis meses haviam passado desde que eu tinha visto os meus filhos pela última vez, e estava quase na época do recesso do verão nas escolas da Índia. Essa ocasião ajudou a criar mais expectativa quanto ao lugar para onde os meninos iriam quando a escola fechasse para as férias. Eu esperava e orava para que Mohamed os deixasse vir para casa, mas ele se recusava a isso, dizendo que passariam o verão na vila de Vilpur, com os parentes dele.

Deus me deu forças para passar por esse desapontamento. Aceitei aquilo e continuei firme, orando sempre para que o amor de Deus reinasse no meu coração e eu pudesse ser uma testemunha em meu lar.

Uma noite, sonhei que via uma mulher da Índia. Não pude distinguir seu rosto, mas pude ver que estava chorando por Mohamed. No sonho também vi uma foto de passaporte da mesma mulher. Acordei me sentindo muito perturbada. Mohamed me dissera que não havia tido contato com a mulher que conhecera na Índia; mas esse sonho realmente me perturbava. No passado, o Senhor muitas vezes falara comigo através de sonhos, mostrando-me muitas coisas; então pedi que o Senhor esclarecesse tudo.

Algum tempo depois, encontrei o extrato de uma conta telefônica com um número. Comparei com o número que havia encontrado na pasta de Mohamed, e era o mesmo. Isso confirmou que

Mohamed ainda se comunicava com essa mulher e que o relacionamento continuava, mesmo após eu escrever para ela contando que Mohamed era casado.

Mais tarde, naquele dia, Mohamed ligou para casa e perguntei se ele ainda estava em contato com aquela mulher indiana. Ele negou, mas, quando falei que tinha a data e o número de telefone para comprovar que ele havia telefonado para ela, perdeu-se com as palavras e confessou que estava planejando que ela viesse para a Arábia Saudita. Imaginei que essa era a razão por que vira a foto de passaporte no sonho. Ela o estava pressionando a ficar com ela porque sentia muita saudade. Seria esse outro motivo para atrapalhar ainda mais a minha vida? Perguntei por que ele ainda estava pensando em trazê-la para a Arábia Saudita, mas simplesmente ele se fez de desentendido.

Comecei a desconfiar de que ela possivelmente se tornaria a segunda esposa. Na verdade, ele havia comentado que estava pensando em se casar novamente para preservar a influência muçulmana no lar para benefício das crianças. Ele sentia que era dever da mãe ensinar os filhos a respeito do islamismo e que eu estava negligenciando o meu dever por ser cristã. Fiquei triste, com medo do que poderia acontecer, e orei a Deus por coragem e força para enfrentar qualquer situação.

Mais tarde, soube o que acontecera com os meus filhos enquanto estavam na Índia. Passaram várias semanas viajando e procurando uma escola que os aceitasse. Pararam numa escola muçulmana, mas não havia crianças da idade deles. Os gêmeos tinham 8 anos e o mais velho, 9 anos. Os meninos daquela escola tinham 15 anos ou mais, então o primo de Mohamed que estudava ali foi designado para ser o responsável por eles. Os meninos não ficaram felizes; tinham saudades de casa e se sentiam totalmente deslocados. Daquela escola viajaram para a vila de Vilpur, onde ficaram com os primos por alguns dias. Ajudavam em casa, alimentavam o gado, e brincavam com os macaquinhos – o que, por sinal, não era tão seguro. Viram muitas coisas diferentes e procuraram se adaptar o melhor possível à vida no vilarejo.

Certa vez, meu filho mais velho quase foi atropelado por um carro de bois. Outra vez, ele pisou numa área de areia movediça e só conseguiu sair porque se agarrou a uma touceira de mato que insistia em escapar-lhe da mão, até que os irmãos chegassem para ajudar. Um dos gêmeos ficou muito doente, com malária, e quase morreu. Levaram-no às pressas para o hospital, enquanto ele tremia e tinha febre muito alta. Levou alguns dias para se recuperar.

Depois de alguns dias na vila, tiveram de ir para outra escola. Já estavam cansados de mudar constantemente e viajar naqueles vagarosos e superlotados trens. Era maçante e desconfortável para qualquer criança. Quando soube que teriam que ir para outro lugar, um dos meninos saiu correndo e gritando para dentro da selva. Bastava para ele, mas algumas pessoas foram atrás e o capturaram e bateram nele.

Na nova escola, os meninos conheceram vários outros garotos da mesma idade. Os gêmeos tinham aulas todos os dias, mas isso não era permitido ao mais velho, já que Mohamed não tinha a documentação atualizada. Ele passou aqueles cinco meses sozinho durante o dia, enquanto os irmãos estavam em aula.

Todos os dias os meninos acordavam cedo para orar; e oravam cinco vezes por dia. Eles apanhavam se estivessem atrasados; porém, toda vez que oravam, pediam a Jesus que viesse e os resgatasse. Isso se repetiu por mais de seis meses. Então o Senhor começou a encorajá-los através de sonhos. Um deles sonhou que estava num buraco muito fundo e embaixo tinha um dragão. Ele estava aterrorizado, até que um anjo poderoso, alto e cheio de glória, apareceu, tirou a sua espada, decapitou o dragão e o ajudou a escapar. Isso fortaleceu a sua fé de que Deus ouvira suas orações e que viria para o seu resgate.

Juntos Novamente

O pai de Mohamed passou a ligar para nós, da Inglaterra, com relatos de como os meninos estavam na Índia. Aparentemente não estavam muito bem. Sofriam por causa do calor, estavam irrequietos e desconsolados e sentiam muito a falta de casa. Choravam com saudades de mim. Queriam voltar para a Arábia Saudita para estar com o restante da família.

Fiquei muito surpresa de ouvir isso vindo do meu sogro, considerando que ele era responsável financeiramente pela permanência dos meninos na Índia. Orei a Deus para que a família na Índia se cansasse e ficasse exausta de cuidar deles. Afinal de contas, não era fácil cuidar dos filhos de outra pessoa, especialmente por tanto tempo. Percebi, pelo meu sogro, que o Senhor estava respondendo às minhas orações. A família constantemente reclamava da responsabilidade assumida em relação aos três meninos. Sempre ligavam para o pai de Mohamed na Inglaterra e pressionavam-no a convencer Mohamed a buscar os filhos na Índia.

Entendendo que o seu pai estava sob a pressão dos outros membros da família, Mohamed resolveu ir à Índia para verificar a situação. Viajou no início de maio de 1990; quatro dias depois, ligou de Bombaim e pude falar rapidamente com os meus filhos. Foi difícil controlar o tremor na voz; queria aproveitar ao máximo a oportunidade. Que emoção poder ouvir a voz deles de novo!

As notícias de Mohamed não foram as melhores. Havia problemas com os vistos dos meninos, que teriam que ser renovados em Bombaim. Mohamed disse que por dias e dias esperou do lado de fora da embaixada inglesa num clima extremamente abafado, em fila, na esperança de resolver a situação. Por muitos dias, ao final do período de trabalho as portas se fechavam antes que ele pudesse entrar no prédio. A única coisa que eu podia fazer era orar. Continuei esperançosa de que Deus, que sempre respondera às orações, intercederia mais uma vez.

Depois de três semanas de ansiedade e oração, a campainha tocou no dia 3 de junho, exatamente quando estávamos terminando o desjejum. Imagine minha alegria quando abri a porta e vi os meus três filhos e o marido. Era a realização de um sonho. Dei um grande abraço neles. Estavam felizes por me ver e logo foram atrás das irmãs e dos brinquedos. À medida que conversamos e eles contaram as experiências, senti o ninho encher-se novamente. O silêncio havia sido quebrado. A conversação era música suave para os ouvidos. A família estava unida mais uma vez – um símbolo de que Deus estava no controle – e não me cansava de agradecer a Ele por ouvir e responder às minhas orações.

Naquela noite, a alegria encheu o meu coração e inundou a minha alma enquanto eu preparava o prato predileto dos meninos – macarrão. Observei enquanto devoravam a comida. Era um grande prazer tê-los de volta em casa.

Os meninos estavam animados, mas fisicamente muito fracos. Estavam muito magros e com o estômago dilatado. Pareciam desidratados. As unhas estavam pretas e os pés duros e rachados por terem usado sandálias por tanto tempo. O corpo estava coberto de picadas de insetos; pareciam veteranos de guerra. As roupas que eles usavam e as que estavam dentro das malas tinham manchas de sangue das picadas de insetos. O meu filho mais velho tinha um machucado profundo no pé, cheio de terra. A pele estava tão seca e dura que estava rachada em várias regiões. Enquanto eu preparava um delicioso banho com água quente e uma solução antisséptica para limpar os ferimentos, ficou evidente quão exaustos eles estavam mental e fisicamente.

Notei que os cabelos deles estavam infestados de piolhos. Eles brincavam um com o outro tentando indicar quem tinha mais piolho. Percebi que tinham aprendido a conviver com toda aquela situação desconfortante pela qual passaram. A que Deus maravilhoso servimos!

Decidi que a melhor maneira de acabar com o problema dos piolhos era raspar a cabeça deles e usar um xampu especial para matar os piolhos. Rimos bastante com as cabeças carecas. Durante todo o tempo, Mohamed estava indiferente; ficava sentado assistindo à televisão enquanto eu brincava com os meninos, limpava-os e tentava deixá-los mais confortáveis.

Oh, como o meu coração se regozijou naquela noite, quando fui para a cama. Dormi esplendidamente bem, sabendo que as crianças estavam sob o meu teto. Havia paz e conforto no meu coração. Anna ligou para a minha família na Inglaterra para avisar que os meninos estavam de volta. Eles também se alegraram com a notícia.

Agora que estávamos juntos novamente, os irmãos das igrejas na Inglaterra e Estados Unidos começaram a jejuar e orar para que Deus libertasse a mim e a meus filhos da Arábia Saudita. Orei e pedi a Deus para que pudesse sair com dignidade, sem correr do inimigo. Lembrei ao Senhor que estava naquele país em uma missão para Ele. "Tu me enviaste aqui, Senhor; agora, por favor, leva-me embora."

Nos dias seguintes, a ira de Mohamed passou a me preocupar. Qualquer um poderia perceber quão derrotado ele estava se sentindo. Afinal, ele havia tentado de tudo para me converter ao islamismo, e nada parecia funcionar. O seu senso de derrota deve ter sido intenso, principalmente quando foi forçado pelas circunstâncias a trazer os meninos de volta. Continuei orando pela nossa libertação enquanto tentava imaginar o que Mohamed faria a seguir.

16

"Deixe-me Ser Apenas Mãe"

Poucas semanas depois de os meninos terem voltado, Mohamed informou-me que estava de fato procurando uma segunda esposa. Quando ouvi isso, orei por uma dose extra de força e coragem. Tinha lido em algum lugar que cada provação prepara você para a próxima, que é sempre maior que a anterior; mas de alguma forma me senti preparada para esta. Mohamed continuou me assegurando que eu sempre seria a primeira esposa. Não posso admitir honestamente que isso soou como alguma segurança para mim. Perguntei se ele estava pensando em tornar a amiga da Índia sua segunda esposa. Disse que não estava mais interessado nela, mas que estava entrevistando mulheres em busca de uma esposa.

Certa noite, estávamos na casa de um dos seus amigos para jantar. A esposa do amigo contou-me que Mohamed tinha pedido ao seu marido que ajudasse a encontrar uma esposa para ele. Ela falou também que, apesar de no islamismo as mulheres aceitarem o direito do marido de ter até quatro esposas, essa era a última opção que queriam. Ela mesma era muçulmana, mas sentia empatia pelo que eu estava passando. Achou difícil entender por que Mohamed estava me tratando daquela maneira e me disse que ele não era um bom muçulmano, julgando a maneira como estava se comportando.

Deus me fortaleceu para enfrentar as provações como sempre fizera no passado, e direcionou os meus pensamentos para as lições que precisava aprender das experiências. Comecei a entender a sabedoria do conselho bíblico para que não nos juntássemos com pessoas em jugo desigual. Refleti sobre a minha vida e lamentei não ter obedecido aos meus pais e à Palavra de Deus. As consequências de más decisões têm um efeito terrível, que pode, com frequência, durar a vida toda. Eu não podia culpar a ninguém, a não ser a mim mesma.

O "acusador dos irmãos" utilizou-se da minha culpa e os erros do passado, querendo me convencer de que era merecedora de tudo que estava passando. Mas fui capaz de dizer: "Verdadeiramente sou merecedora de tudo. Mas, pelo fato de Cristo ter morrido por mim, Ele me livrou do pecado e da morte, e, mesmo que eu tenha de enfrentar as consequências de ter rejeitado a Cristo no passado, agora que O conheço, tenho a esperança de superar e fruir Seu perdão e poder para salvar. Portanto, sim, sou uma pecadora, mas salva pela graça."

Mohamed continuou a falar de uma nova esposa. O costume muçulmano diz que todas as esposas devem ser tratadas igualmente e ter os mesmos direitos. Ele comentou que a segunda esposa teria que morar conosco até que encontrasse um apartamento para ela. Surpreendia-me quão naturalmente ele se sentava e conversava comigo sobre seus planos de se casar novamente, como se eu fosse uma observadora casual ou que não fosse humana e com sentimentos. O que me surpreendia ainda mais era que o Senhor estava comigo quando sentava e conversava com ele e o encorajava em seu desespero. Sabia que era o Espírito Santo falando através de mim. Ele me deu coragem para enfrentar aquela situação. Falei para Deus que eu seria qualquer coisa que Ele quisesse. Entreguei-me completamente a Ele e disse: "Senhor, se queres que eu fique, ficarei. Não existe lugar melhor e mais seguro que na Sua vontade." Amava muito ao Senhor e estava desejosa de fazer qualquer coisa que Ele ordenasse. Não duvidava mais dEle ou dos Seus planos para mim. Disse: "Senhor, se quiseres que eu seja uma testemunha diante dessa nova esposa, serei um vaso para o Espírito Santo brilhar através de mim."

Depois desse compromisso, recebi uma calma confirmação da parte de Deus de que seria capaz de viver em qualquer circunstância a que fosse submetida daquele ponto em diante.

À medida que Mohamed observava o amor e afeição existente entre mim e as crianças, passou a sentir inveja. Ele percebia que havia algo especial entre nós. De forma que passou a ameaçar novamente de me mandar de volta para a Inglaterra, porque a minha influência cristã estaria afetando o desenvolvimento das crianças. O pânico tomou conta de mim e implorei para que ele me deixasse ficar. Não que quisesse ficar na Arábia Saudita, mas não aguentaria a separação das minhas crianças novamente. Prometi que não realizaria mais cultos com as crianças e que não interferiria nos ensinamentos islâmicos. Fiz essa promessa porque Deus já havia me preparado para essa situação através das páginas inspiradas em relação à influência da mãe cristã no lar. O seguinte trecho do livro O *Lar Adventista* chamou minha atenção:

"Depois de Deus, o poder da mãe para o bem é a maior força conhecida na Terra. A influência da mãe é incessante [...].

"Quando sua influência atua no sentido da verdade, da virtude, quando ela é guiada pela divina sabedoria, que poder para Cristo será a sua vida! Sua influência atravessará o tempo alcançando a eternidade. Que pensamento este, de que o olhar, palavras e ações da mãe produzem fruto para a eternidade, e que a salvação ou ruína de muitas almas será o resultado de sua influência!

"Pouco imaginam as mães que sua influência no preparo dedicado dos filhos atravessa com tal poder as dificuldades desta vida alcançando a vida futura, imortal. Moldar o caráter segundo o Modelo celestial requer muita fé, atividade contínua e perseverante; mas vale a pena, pois Deus é o recompensador de todo esforço bem dirigido para assegurar a salvação de pessoas.

"O laço terrestre mais terno é o que existe entre mãe e filho. A criança é mais facilmente impressionada pela vida e exemplo da mãe do que do pai, por ser mais forte e mais terno o vínculo que os une" (Ellen G. White, *O Lar Adventista*, p. 240).

Esse texto me garantia que a influência que tinha como mãe cristã era mais poderosa que qualquer outra força na Terra. Portanto, independentemente do resultado, se me colocasse aos pés de Jesus e recebesse a Sua influência em minha vida, teria o mesmo efeito de adorá-Lo com as crianças e ensiná-las a respeito de Cristo. Entendi que Deus não salvaria somente os meus filhos, mas também a mim se eu atuasse dessa forma.

A vitória era minha! Lembrei-me da mãe de Moisés e de como sua influência foi poderosa para salvar não somente a ele, mas toda a nação de Israel. Falei para Mohamed que só queria ser a mãe deles. "Deixe-me ser a mãe, para cuidar deles e alimentá-los. É tudo o que desejo ser", implorei. Ajoelhada, pedi ao Senhor que nos libertasse, se fosse da Sua vontade.

17

Missão Cumprida

A ansiedade estava aumentando à medida que me perguntava o que aconteceria a seguir. As orações por um exército que viesse nos libertar continuavam sendo feitas, frequentemente. Aprendi a viver um dia de cada vez enquanto esperava pela intervenção divina.

Enquanto os dias passavam, encontrei conforto em hinos que elevavam o meu coração. Certa manhã, acordei com vozes de anjos cantando para mim, dando-me forças e regando minha alma com música. Era uma canção de esperança e alegria. As vozes doces e melodiosas do Céu mais uma vez me transmitiam coragem. O pensamento de que Deus cuidaria de minhas necessidades pessoais de forma singular trouxe-me a segurança de que Ele não me deixaria, não importava quão escura fosse a noite.

Certa noite, Mohamed voltou do trabalho com a notícia de que Saddam Hussein havia invadido o Kuwait; uma ação que desestabilizava o Oriente Médio. Imediatamente, meus pensamentos foram direcionados para as orações por um exército que nos resgatasse.

Por mais estranho que pareça, esses acontecimentos me trouxeram mais esperança. Senti que a minha fé estava prestes a ser recompensada com a realidade do resgate. Era como se Deus estivesse dizendo: "Você foi provada e testada, e agora está prestes a ser libertada. Acalme-se e saiba que eu sou Deus."

Muitos ocidentais estavam deixando o país, temendo pela vida e por uma guerra iminente. Perguntei a Mohamed se poderíamos deixar o país também. Sua resposta foi: "Não". Eu ainda acreditava que a mão de Deus se tornaria evidente nos acontecimentos mundiais. Senti que Deus usaria essas circunstâncias para responder à minha oração.

Sempre tinha em mente a parábola das 99 ovelhas que ficaram guardadas pelo pastor, enquanto ele foi atrás da única que se encontrava perdida. Sabia que Deus esvaziaria o Céu a fim de resgatar uma filha perdida; e eu era essa filha, no Oriente Médio, no abismo da escuridão, clamando pelo anjo de luz para me resgatar. Será que Deus iria me desapontar?

Várias semanas se passaram. Minha família ligou da Inglaterra dizendo que estavam orando, jejuando e juntando dinheiro para a nossa passagem de volta. Atos de fé, porque não havia garantia de que Mohamed mudaria de ideia e nos deixaria ir.

Em várias ocasiões, contei a Anna o que estava acontecendo. Ela, por sua vez, informava a minha família. Enquanto isso, apenas o pensamento de que os irmãos da igreja estavam orando pela nossa libertação me deu o incentivo espiritual de que precisava.

Fui até a casa de Anna e deixei com ela a minha Bíblia e outras literaturas cristãs. Não fazia sentido tentar sair do país com os livros, já que era tão difícil passar com eles pela alfândega. Ela ficou feliz com o presente. Oramos juntas e ela prometeu que leria aquele material. Deus estava atuando. Pude sentir que a vitória viria em seguida.

Mas o coração de Mohamed estava tão duro quanto o de Faraó, quando recusou libertar o povo de Israel apesar dos pedidos de Moisés. Senti-me como uma prisioneira de guerra. Comecei a entrar em pânico e a ficar ansiosa às vezes. O Senhor atuou sobre o meu espírito, acalmando-o e ajudando-me a esperar enquanto Ele agia. Estava esgotada, não tinha energia para lutar mais. Tudo estava entregue ao Senhor quanto a essa questão. Cansara-me de agonizar diante do Senhor, mas em minha fraqueza fui assegurada de que Ele estava me carregando até a fita da vitória.

Mais de um ano havia se passado desde a nossa chegada na Arábia Saudita. Parecia uma vida inteira. Comecei a recordar tudo o que nos havia acontecido durante essa temporada. Enquanto me lembrava e lia o diário, estava totalmente entregue a Jesus. Refletindo sobre o passado, percebi que não teria sido possível superar os desafios sem a Palavra de Deus ao meu lado, para instruir e guiar, e os escritos dos meus autores cristãos favoritos para me ensinar como viver à medida que me desenvolvia como uma filha de Deus. O poder maravilhoso de Deus era ainda mais claro e distinto agora. Entendi que tinha passado por uma amostra do conflito do final dos tempos, no qual teremos de permanecer firmes pela nossa fé.

A Escritura nos ensina que devemos fazer tudo para permanecer firmes, confiantes em Deus e revestidos da Sua armadura. Minha fé em Jesus Cristo fora severamente testada. Todas as coisas que eu mais valorizava foram retiradas de mim: direitos humanos básicos, justiça, liberdade – e até mesmo os meus filhos. Concluí que a única coisa que realmente me pertence é o poder de escolha, e eu escolhi a Cristo, acima de todas as coisas. Tinha morrido para mim mesma, não por algo que tenha feito, mas através de tudo que Cristo fizera em mim. Agora, sim, pude perceber quanto pecado cometera e quanto sofrimento causara. E passei a entender mais claramente por que Cristo tivera que morrer.

Será que sabemos exatamente o que estamos falando quando pedimos que Deus nos guie até Seu reino?

De jeito nenhum, pois como você vê, estamos pedindo a Deus que nos leve por uma estrada feita sob medida para nós, e precisamos confiar nEle para fazê-lo. O caminho que Ele escolhe pode não ser o mesmo que você escolheria – o seu caminho para o Céu pode ser muito difícil. Jamais tivemos a promessa de que essa jornada seria suave, mas sim que Jesus nunca nos deixaria ou desapontaria. Deus removerá cada ídolo, o que quer que seja, qualquer coisa que dê um falso senso de segurança, todo traço pecaminoso de caráter, até que tudo esteja limpo.

Eu não tive como ajudar meus filhos quando estavam longe; não podia preparar o banho, a roupa, a comida ou simplesmente abraçá-los. Dependia de um Poder maior do que eu para fazer tudo o que não tinha condições por mim mesma. Jesus é quem cuida de todas as questões da Terra; por que não aprendemos durante os tempos de paz a confiar em Deus? Por que temos que esperar uma calamidade para nos forçar a confiar nEle? Já foi dito que muitos aprenderão a confiar durante os terríveis conflitos, exatamente antes da volta de Jesus.

Mas quem permanecerá firme, hoje e naqueles últimos dias, antes de Jesus voltar? Muitos terão que dormir em Jesus Cristo para serem poupados das provações de viver durante os dias finais. A julgar pela dor que senti em minhas provações, não posso imaginar nada pior, mas não podemos nem começar a imaginar como será. Devemos obedecer aos mandamentos de Deus agora e não hesitar, se pudermos aprender a negar o eu e não simplesmente realizar aquilo que é confortável e nos faz sentir bem – sempre querendo ser o primeiro e o melhor.

Muitos dos filhos de Deus vivem para agradar a si mesmos. Não há vitória no eu. Vestimo-nos do jeito que queremos, comemos do jeito que nos agrada, vamos a lugares que desejamos e pensamos que Deus não Se importa porque nos ama. O eu é o maior inimigo com o qual nós, cristãos, temos que lutar. Se pudéssemos dominar os desejos egoístas e deixar de lado as coisas que não nos edificam moralmente, as que nos degeneram fisicamente e que nos arruínam espiritualmente; se começássemos a fazer tudo isso agora, quando tudo aparentemente está bem, confiando na Palavra de Deus, nos fortaleceríamos para o tempo de testes e provações. Todos passaremos por provas e dificuldades; por que não nos prepararmos agora?

Tantos que poderiam ser contados como santos falharão porque nunca aprenderam a disciplina de negarem a si mesmos. Entregam-se à gula e outras necessidades; outros irão até mesmo vender seus próprios filhos. Nos dias de provação antes da queda de Jerusalém, mães cozinhavam e comiam os próprios filhos. Gostamos de pensar que temos o controle de tudo e que, quando esses tempos chegarem, negaremos o eu e faremos isto e aquilo. Mas muitos que têm essa confiança ficarão surpresos pela maneira como responderão às tentações.

O poder para fazer a escolha certa no tempo de tentações depende de termos uma mente sensata, raciocínio forte e intelecto saudável. Deus tem dado instruções de como alcançar tudo isso através de um viver saudável e estudo das Escrituras. Já que o corpo e a mente estão tão relacionados um com o outro, importa muito o que comemos e bebemos e o que fazemos com o nosso corpo – dormir o suficiente, ingerir água, expor-se à luz do sol e praticar exercícios. Quando vamos a um hospital vemos muitas pessoas doentes. Se fôssemos analisar o tratamento que deram ao corpo, veríamos os efeitos da dieta na maioria das doenças. Deus estabeleceu regras para os Seus filhos para que vivessem mais e fossem Suas testemunhas. É difícil para as pessoas acreditarem que coisas simples como a dieta e o cuidado do organismo humano são tão importantes, fatores determinantes quando tratamos da escolha entre a vida e a morte. Sem uma mente sensata, diminuímos as chances de ser vitoriosos.

Nossos pensamentos precisam ser colocados sob o controle do Espírito Santo. Devemos cuidar com as coisas que olhamos e ouvimos. Temos que fazer o possível para viver de acordo com o conhecimento que temos. Deus lida conosco exatamente onde estamos. Seu sangue derramado no Calvário é suficiente para cobrir cada pecador que caminha com Ele e pratica a verdade revelada.

Não aceite a menor insinuação de que o que você come não importa. Eu não tinha ideia do que significava praticar toda a luz que conhecia e da influência disso numa situação de extrema pressão, tormenta e dor. É por isso que não devemos questionar a Deus e Seus mandamentos. Simplesmente apaixone-se por Jesus, confie nEle e obedeça-Lhe, mesmo quando não entender completamente o que está acontecendo. Temos nos tornado um povo que cultiva o conhecimento e o intelecto. Questionamos todas as coisas; racionalizamos ordens simples que um bebê pode entender, a fim de realizar as coisas à nossa maneira. Vemos um "assim diz o Senhor", mas o questionamos. Deus sabia o que estava falando quando nos instruiu a ser como crianças para entrar no Seu reino. As crianças são vulneráveis, conseguem entender ordens simples. Deus espera que simplesmente vivamos de acordo com o que conhecemos, não renegando o que Ele diz ser o melhor para nós, mas continuando na fé, negando a nós mesmos e confiando em Sua direção. É assim que vestimos a armadura de Deus. Peça por peça, como está em Efésios 6:11-17.

Enquanto pensava na maneira como Deus me conduzira no passado e me certificava de estar praticando aquilo que Ele havia revelado para mim, entendi que somente assim é que pude permanecer firme em Suas promessas e exigir liberdade de toda a opressão. Agora era tempo de Deus agir. Era tempo de relaxar e descansar na Sua Palavra.

Sou uma testemunha viva de que quando você faz tudo o que está ao seu alcance, quando vive segundo a luz que Deus lança sobre o seu caminho, pode depender dEle para o restante.

18

Libertação

Mais umas duas semanas se passaram, e Mohamed ainda se recusava a assinar os papéis que nos permitiriam deixar o país. Senti-me impressionada a orar e pedir ao Senhor que operasse mais um milagre. Certa noite, Mohamed voltou do trabalho muito preocupado. Falou que a companhia estava em meio a dificuldades financeiras. O seu rosto estampava estresse e medo.

Com uma guerra no horizonte e desafios financeiros, não podia haver tempo pior para isso acontecer. Mohamed já estava cheio de dívidas e ainda tinha esperança de conseguir matricular os filhos numa escola na Arábia Saudita pela primeira vez. Isso ficaria bem caro, porque desejava matriculá-los numa escola britânica ou na americana. Para piorar, nosso aluguel semestral já estava vencido e precisava ser pago.

Mohamed fora colocado contra a parede e não tinha saída. O seu trabalho oferecia um apartamento de solteiro, e o seu chefe o havia aconselhado a que mandasse a família para casa, pelo menos por agora. Mohamed estava aflito, e eu podia ver o poder de Deus atuando em nosso favor. Não havia nada que pudesse fazer, e ele sabia disso. Ele se jogou no sofá, estampando no rosto a mais completa derrota e desorientação.

A esse ponto, nossa vitória estava assegurada, pois Mohamed estava desistindo de nos prender lá; entretanto, eu tinha que ser cuidadosa para não exultar com a derrota dele. De alguma forma o meu coração estava entristecido por vê-lo finalmente desistir da batalha, já que ele não tinha outra escolha. Estava claro que nossa unidade familiar estava para ser destruída. Confortei-o e o encorajei, porque todos nós somos pecadores. Todos cometemos erros. O que Mohamed tinha feito teve como origem seu amor (mal encaminhado) pelos seus filhos. O meu coração tinha muita simpatia por ele; eu sabia que o amor de Deus para com os Seus filhos só podia chegar até Mohamed através de mim.

Mohamed deu-me instruções exatas sobre como nos conduzir quando voltássemos à Inglaterra. Instruiu-me a colocar as crianças numa escola muçulmana e a me cobrir como uma mulher muçulmana. Podia perceber o pânico e o desespero em sua voz enquanto olhava para a família, sabendo que provavelmente a estava perdendo a todos para sempre. Nesse momento, eu poderia estar pulando de alegria, sorrindo, jogando na cara dele qual Deus era o maior e mais poderoso. Ao invés disso, chorei tocada pela dor e confusão que ele estava sentindo. Imaginei que a dor pela qual ele estava passando era muito parecida com aquela que eu tinha experimentado. Não desejaria isso nem para o meu pior inimigo. Quando Deus diz "a vingança é Minha", devemos dar um passo para o lado e deixar as consequências em Suas mãos. É muito perigoso ser um obstáculo no caminho dos filhos de Deus. Somos a menina dos Seus olhos, e Ele virá em nossa ajuda. Aqueles que se acham nas mãos de Deus sem serem cobertos pela Sua graça certamente viverão para se arrependerem de tudo o que fizeram.

Mohamed comentou que não sabia onde arranjar dinheiro para as passagens aéreas, para deixarmos o país. Ele não sabia que a minha família tinha conseguido o dinheiro e comprado as passagens, e os bilhetes para nós seis já estavam no escritório da Air Egypt esperando para ser retirados. Quando contei isso, ele se mostrou surpreso, e não tinha escolha a não ser aceitar a rendição. Isso era algo muito difícil para um homem orgulhoso como Mohamed. Fez-me pensar que "a soberba precede a ruína, e a altivez do espírito, a queda", como diz a Bíblia em Provérbios 16:18.

Mohamed começou a dar andamento em nossos vistos de saída, e pela primeira vez desde que chegamos à Arábia Saudita, vi nossos passaportes. Estiveram guardados, durante todo o tempo, em seu escritório no trabalho. As reservas pela Air Egypt eram para 15 de agosto de 1990.

Os últimos dias foram marcados pela ansiedade, já que Mohamed continuava mudando de ideia a respeito de nos deixar partir. Era muito estressante, mas mantive a fé em Deus, sabendo que tudo estava sob Seu controle. O dia 15 de agosto chegou; nossas malas estavam feitas e estávamos prontos para ir. Estávamos muito felizes, mas eu havia instruído as crianças a não se mostrarem muito alegres porque, afinal, estávamos deixando o papai para trás.

Mohamed levou-nos para o aeroporto, dando mil e uma instruções no caminho. Quando chegamos, o meu coração estava saltando. Estávamos nervosos, na expectativa de que Mohamed fosse mudar de ideia a qualquer momento. Estive sempre orando: "Senhor, deixa-nos ir."

A fila para despachar as malas estava muito longa, o que dava muito tempo para Mohamed mudar de ideia. Até que finalmente chegou a nossa vez no balcão. Tive que confiar em Deus, pois esse realmente era o Seu plano. Não poderia ter acontecido de outra forma. Era Deus quem estava nos retirando do país, não Mohamed. Passamos pelos detectores de metais e, a partir dali, Mohamed já não podia nos acompanhar. Um por um, passamos pela checagem. Acenamos e começamos a caminhar em direção à zona de embarque, deixando-o para trás. Voltamo-nos mais uma vez e vimos o seu rosto distante. Acenamos novamente, o nosso último adeus.

A bordo do avião, olhei pela janela e vi o homem com quem havia me casado, em pé no terminal do aeroporto, olhando para a aeronave.

Parecia solitário. Imaginei o que deveria estar pensando. Ele tinha armado uma grande batalha. Mas a batalha que estivera tentando vencer era contra um Poder infinitamente maior do que ele. E ali estava ele, finalmente, privado de tudo o que havia procurado conquistar pelas próprias forças. Eu, por outro lado, estava enriquecida pelas experiências. Tinha os meus filhos e uma fé fortalecida pelo providencial cuidado de Deus. Com certeza, foram tempos difíceis. Mas eu tinha vindo com Cristo e estava voltando com Ele. Missão cumprida.

19

Finalmente Livres

A bordo do avião, estávamos prontos para chegar à Inglaterra e encontrar os parentes e amigos, depois de uma escala no Cairo. Assentos retos, cintos de segurança apertados, tudo pronto para decolar. Alguma coisa está errada, pensei. Esse procedimento normalmente leva somente uns poucos minutos antes de a porta ser fechada e o avião decolar. Mas a porta ainda estava aberta e nós, em terra firme.

Oh, não! Mohamed não poderia ter mudado de ideia novamente! Conhecendo Mohamed, sabia que ele poderia fazer isso. Ele não nos traria até aqui, nos colocaria no avião, para então impedir o voo de prosseguir! Mas eu sabia que Mohamed era capaz de fazer quase qualquer coisa e ir ao extremo para realizar o seu propósito. Esses pensamentos passavam pela minha cabeça enquanto o avião estava na pista e esperávamos ansiosamente pela partida. Minha expectativa era de que, a qualquer momento, os oficiais de bordo nos pediriam para sairmos do avião.

Os minutos passavam vagarosamente. Finalmente, após uma hora, vi a porta da aeronave ser fechada e as turbinas acionadas. As crianças olharam para mim e pude ver a ansiedade estampada no rosto de cada uma. O avião continuou as manobras, acelerando e aumentando a velocidade. Quando decolamos finalmente, encostei para trás e, pouco a pouco, os músculos começaram a relaxar. Não podia relaxar completamente temendo que a qualquer momento o avião fosse desviado, de volta à Arábia Saudita.

Quando aterrissamos no Cairo, parecia que o Senhor tinha anjos por toda a parte para garantir nossa segurança e nos escoltar para o hotel onde passaríamos a noite antes de embarcar para a Inglaterra. Estava vestida como uma muçulmana, um jeito seguro para viajar no Oriente Médio com os meus filhos.

Aquela noite, adoramos ao Senhor em espírito e em verdade. Cantamos louvores a Ele juntos, pela primeira vez, depois de muito tempo. Oramos, agradecemos ao Senhor, tomamos uma refeição quente e fomos dormir. Levantamos cedo, na manhã seguinte, fizemos a devoção matinal e tomamos o desjejum. Então pegamos o táxi para o aeroporto para continuar nossa viagem para a Inglaterra.

Quase toda a nossa família estava no aeroporto para nos receber, quando chegamos à Inglaterra – todos, menos a minha mãe. Queriam surpreendê-la. A alegria era evidente em todos eles. Abraçamo-nos e choramos de felicidade. Enquanto íamos do aeroporto para casa, apreciei as colinas verdes da Inglaterra e louvei a Deus pela liberdade. Finalmente estávamos livres!

A minha mãe estava surpresa e feliz por nos ver. Formamos um círculo, demos as mãos e louvamos a Deus por Sua bondade e por preservar nossa vida. A alegria alcançou o outro lado do Atlântico, quando a minha igreja, nos Estados Unidos, recebeu as notícias da nossa liberdade.

Liguei para Mohamed avisando que tínhamos chegado bem. Para minha surpresa, ele pediu que voltássemos para a Arábia Saudita porque havia conseguido recuperar seu emprego, fora promovido e recebera um aumento. Parecia uma boa oferta, de forma que consultei o Senhor para ver qual era a Sua vontade. Acredito que mesmo naquilo que parece óbvio devemos buscar a vontade de Deus. Quando busquei uma resposta nas Escrituras, o Senhor me indicou Gálatas 5:1: "Para a liberdade foi que Cristo nos libertou. Permanecei, pois, firmes e não vos submetais, de novo, a jugo de escravidão."

Disse tudo! Aí estava a resposta. Não questionei a Deus. Ele falara claramente e eu estava muito aliviada e alegre por saber que estaria livre da escravidão. Mohamed ficou muito desapontado e implorou pelo nosso retorno, mas então concluí que aqueles que são libertos pelo Senhor são verdadeiramente livres (Jo 8:36).

Nas semanas seguintes, eu ainda tinha medo. Mohamed estava muito bravo e ameaçou levar as crianças de volta de qualquer maneira. Depois de tudo que Cristo fizera por mim, eu ainda tinha muitas dúvidas. Tinha medo que espiões e familiares de Mohamed nos vissem indo à igreja. Eles iam à escola muçulmana à noite para continuar aprendendo o Alcorão. É impressionante quanta pressão o medo pode exercer. Mohamed dissera que, se eu não fizesse o que ele desejava na educação das crianças, mandaria pessoas para sequestrá-las, e eu acreditei.

Levou algum tempo para eu entender que esse temor não vinha de Deus e que não podia continuar levando a minha vida daquela forma. Passei de uma pessoa temerosa para uma corajosa. Segui adiante e dei entrada no processo de completa separação e divórcio. Senti que deveria fazer isso e que estava preparada para viver o resto da vida sem ele, cuidando sozinha das crianças.

O divórcio é um ponto de grande controvérsia em nossas igrejas hoje em dia. Alguns acreditam que deveríamos permanecer num casamento na prosperidade e na adversidade. Mas estar juntos na adversidade não significa um cônjuge amargar tempos difíceis no casamento e o outro tirar vantagem dessa realidade. Significa passar por momentos difíceis juntos, apoiando e amando um ao outro durante esse tempo e dividindo os momentos tristes.

Deus não gosta de divórcios, apesar de ter deixado uma saída para aqueles que sofrem e teriam uma vida amargurada. Deus nos fornece provisões para viver em uma união desigual, mas isso envolve oração constante, negação do eu e Sua graça em abundância. A vida cristã é difícil o bastante antes mesmo de arrumarmos certas "encrencas" que Deus nunca pediu de nós. Por isso somos advertidos a não formar casamentos de jugo desigual. Muitos de nós vivemos cada dia em uma nuvem de tristeza com o cônjuge que escolhemos.

No casamento, para o convertido, a graça de Deus é suficiente – você pode escolher a alegria. O fruto do Espírito é seu, basta pedir. Estude a Palavra de Deus. Pela contemplação, você será transformado. Manifestará o fruto do Espírito. O viver em Cristo o fará amável, paciente e bondoso. Conheço casais que estão juntos, mas ansiando que o cônjuge não convertido conheça a Jesus. Ainda assim eles têm um bom relacionamento Não podemos forçar alguém a acreditar, mas podemos representar a Cristo. Ele é o poder que atrai. Jesus disse: "E Eu, quando for levantado da terra, atrairei todos a Mim mesmo" (Jo 12:32). Deus faz o possível para que perdoemos nosso cônjuge, até mesmo se ele ou ela comete adultério. A traição é a única razão pela qual Deus permite o divórcio e a possibilidade de novo casamento. Mas é muito melhor se pudermos resolver os problemas do casamento, incluindo o adultério, com oração e bom aconselhamento cristão.

Se fosse somente o adultério que eu tivesse de suportar, acredito que Deus me daria a graça para prosseguir no meu casamento. Mas quando o cônjuge se torna um obstáculo no caminho do seu relacionamento com Deus e ainda vive uma vida de adultério, então Deus intercede. De forma que, com muita oração, o meu divórcio prosseguiu.

Mohamed lutou contra o divórcio de todas as formas. Foi muito doloroso. Acusou-me de ser membro de uma seita e de adorar a Satanás. Ofereceu aos filhos uma linda casa com piscina, empregados e boa educação em escolas sauditas.

Depois de oito meses de batalha judicial, primeiramente em função da custódia, recebi total direito sobre os meus filhos. Eu estava radiante e agradecida a Deus. Todos passaram a frequentar a escola na Inglaterra, onde morávamos. Até mesmo compramos um carro, graças aos membros da igreja, que se preocupavam conosco a ponto de nos ajudar financeiramente. Combinamos quando Mohamed poderia visitar os filhos, mas ele não tinha permissão para ficar sozinho com eles. Ele continua morando na Arábia Saudita. Sempre oramos para que Mohamed entregue sua vida ao Senhor e acreditamos que, enquanto a porta da misericórdia estiver aberta, sempre haverá chance de ele entregar a vida a Cristo. Portanto, continuamos tendo um relacionamento cortês.

Em uma de suas visitas, orei para que ele visse Jesus em nós e viesse a conhecer o sacrifício de Cristo em seu favor.

Um incidente aconteceu que acredito ter sido a resposta para aquela oração.

20

O Poder de Cristo Sobre o Mal

Meu irmão Jeffrey era um lutador de artes marciais. Na época em que voltei da Arábia Saudita, ele estava passando por uma fase difícil da sua vida. Por muito tempo, foi dominado pelas drogas e pelo alcoolismo.

O seu comportamento era tão estranho que um pastor diagnosticou possessão demoníaca. Tínhamos pensado a respeito disso por muito tempo. Ele passava horas com bruxos e bruxas da área e sabia-se que frequentava várias dessas reuniões. Já havia contado para nós até mesmo de demonstrações sobrenaturais acontecidas durante esses rituais.

Jeffrey parecia possuir alguns poderes demoníacos. Ele era muito mau, e era assustador ficar perto dele quando estava usando drogas ou bebendo. Satanás parecia controlá-lo totalmente. Suas ações eram imprevisíveis. Finalmente, Jeffrey percebeu que precisava se libertar dos demônios que o mantinham cativo.

Certa noite, o pastor local e vários membros visitaram Jeffrey em sua casa. O pastor começou orando em cada cômodo da casa, expulsando demônios de todos os cantos. Depois, os membros da igreja fizeram um círculo em volta de Jeffrey e passaram a falar nomes de demônios que supostamente estariam controlando Jeffrey. Com cada nome vinha um gemido e uma luta em seu corpo à medida que os espíritos procuravam manter o controle. Havia gritos agudos e gemidos graves – vozes que não eram dele. O seu corpo se contorcia em agonia. Quando o último demônio foi chamado, Jeffrey caiu ao chão como se estivesse sem vida, espumando pela boca enquanto os membros cantavam: "Há poder no sangue de Jesus".

Ao final do episódio, Jeffrey curvou-se e, com os braços abertos, caiu ajoelhado, chorando e louvando a Deus por ter sido libertado dos demônios. Foi um momento maravilhoso; todos os presentes foram profundamente impressionados pela experiência. Verdadeiramente o poder de Cristo foi triunfante sobre o poder do mal.

Jeffrey viveu uma vida limpa e correta durante quatro anos. Era uma nova pessoa. Passou a amar a esposa novamente, de forma que a tratava com carinho e respeito. Era um pai amoroso e devotado aos seus dois filhos. O Senhor começou a usar Jeffrey. Outra vez passou a ser o sacerdote do lar, liderando o culto familiar. Sua dieta mudou e passou a comer somente comidas saudáveis.

O seu ministério estendeu-se além do lar, atingindo também a comunidade. Tinha um relacionamento especial com as crianças da igreja. Tornou-se um herói para elas. Assumiu o cargo de diácono. Os companheiros de bebida de antigamente estavam maravilhados com a mudança dramática na vida de Jeffrey. Frequentemente tentavam lhe oferecer álcool e drogas, mas ele mostrava não ter o menor desejo de se envolver novamente e permaneceu firme como um exemplo da vitória de Cristo sobre o pecado.

Mas o inimigo não havia desistido dele. Um dia, como resultado de uma provocação no trabalho, ele agrediu um companheiro e acabou sendo demitido. Quando a questão foi levada à igreja, ele acabou sendo retirado do cargo de diácono. Uma coisa levou a outra, e rapidamente a sua vida entrou numa espiral descendente. Ele passou a usar o seu tempero favorito para a salada, que continha vinho. Isso trouxe a vontade de experimentar álcool em doses maiores. A procura por um novo emprego era uma frustração após outra, o que lhe causou uma sensação de falta de esperança e rejeição. Jeffrey tinha muito tempo disponível; e tornou-se mais e mais inquieto e frustrado. Nada parecia funcionar, e ele continuou tentando afogar os problemas no álcool. Sentiu-se rejeitado especialmente pela igreja.

Eu estava muito preocupada com a saúde mental e espiritual do meu irmão. Tentei o meu melhor para encorajá-lo – sempre orando para que de alguma forma ele experimentasse o despertar do que parecia uma noite escura de desespero.

Uma noite, Jeffrey sonhou que, ao atender a uma batida à porta, encontrou um gatinho querendo entrar. "Não, Jeffrey", adverti-o no sonho, "não o deixe entrar". Mas Jeff respondeu: "É somente um gatinho. Ele é uma gracinha e está com fome." Ele ficou com pena do gato e abriu a porta. De repente, milhares de gatos passaram por cima de Jeffrey e entraram em casa. Isso me fez lembrar da Escritura, que afirma que, quando Satanás deixa uma casa, volta para ver se está cheia ou vazia. Se estiver vazia, ele corre para enchê-la mais uma vez e com um número maior de demônios do que anteriormente.

Jeffrey ficou preocupado, mas isso não impediu o seu desmoronamento espiritual. Começou a ficar menos interessado em estudar a Palavra de Deus, e sua vida de oração estava praticamente morta. Ele visitou os velhos amigos para testemunhar, mas estava na verdade colocando-se no caminho da tentação, e os velhos hábitos de beber, fumar e usar drogas foram retomados. Ao invés de beber das correntes da água da vida que nunca cessam, ele estava bebendo uísque e outras bebidas alcoólicas na tentativa de afogar os problemas. Satanás mais uma vez passou a controlar a vida do meu irmão.

Agora, Jeffrey estava particularmente perturbado com as minhas experiências na Arábia Saudita. Não percebemos quão ferido ele estava. Jamais entregara os seus sentimentos de ira ao Senhor. Ele deixou que a raiva dominasse seu coração, e se tornou obcecado pela ideia de se vingar de Mohamed pelo que ele havia feito comigo.

21

Que Amor!

Cerca de duas semanas antes de Mohamed aparecer, Jeffrey era acordado todas as noites por demônios que o instruíam a beber uma garrafa de uísque, pegar o seu punhal e ir matar Mohamed.

As crianças estavam felizes ao verem o pai. Além de Mohamed, uma amiga e dois filhos que eram amigos nossos também nos visitavam. De repente, ouvimos uma batida forte na porta. Abri e vi Jeffrey totalmente bêbado. Ele me empurrou e foi em direção a Mohamed, que estava sentado perto da porta. Imediatamente a atmosfera mudou de risos para medo à medida que, com ódio em seus olhos, Jeffrey olhou para Mohamed e começou a bater nele severamente. Jeffrey era grande e forte.

A minha amiga pegou as crianças e as levou para a parte de cima da casa para orar. Então voltou para ver o que poderia fazer para ajudar. A essa altura, Mohamed estava em estado de choque e parecia impotente. Ele conseguiu ficar em pé, mas Jeffrey não parava de bater. A minha amiga e eu gritávamos com ele para que parasse. Tentamos contê-lo, mas ele era muito forte diante nós. Empurrou-nos para o lado e gritou com uma voz demoníaca que Mohamed teria que morrer pelo que tinha feito para mim na Arábia Saudita. Implorei que não tocasse na vida de Mohamed, mas as minhas súplicas como que entravam num ouvido e saíam pelo outro. Era uma cena assustadora.

A trégua aconteceu quando Jeffrey correu até o carro para pegar o seu punhal. Ele sempre levava a arma no carro, na esperança de encontrar Mohamed e cortá-lo em pedacinhos. Aproveitei a oportunidade para abrir a janela dos fundos e mandar Mohamed pular e escapar. Mohamed demorou para atender às minhas ordens; estava desorientado por causa dos socos, e sua boca sangrava.

Quando estava chegando perto da janela, Jeffrey entrou no quarto novamente. Até mesmo a cor de sua pele havia mudado para um tom acinzentado; estava acompanhado pelo poder sobrenatural das trevas. Percebi que não estava mais lutando contra o meu irmão Jeffrey, mas contra os demônios. Não mais implorava com Jeffrey para poupar a vida de Mohamed; clamava em nome de Jesus que a presença inimiga saísse do meu lar. "Satanás, em nome de Jesus, eu ordeno que deixes este lugar!"

A minha amiga ficou de longe, olhando horrorizada enquanto orava, e Jeffrey cortava a mesa de jantar; no próximo ataque cortou a perna de uma das cadeiras. Então começou a descrever como iria cortar em pedacinhos Mohamed. Ele ficou em pé e, em um tipo de transe, passou a descrever como cortaria os braços de Mohamed a partir dos ombros e deixaria a cabeça por último.

Naquele momento, não mais senti medo, pulei e coloquei-me em frente da sua arma. Tinha uma lâmina afiada. Segurei a lâmina longa. Jeffrey olhou para mim e nossos olhos se encontraram. Eu disse, enquanto orava por proteção: "Não estou falando para Jeffrey, mas para o demônio dentro dele. Em nome de Jesus, saia do corpo do meu irmão. Saia, agora!" Segurei a lâmina firmemente. Jeffrey pediu que eu largasse, mas falei que não podia e que se puxasse eu é que perderia todos os dedos.

Continuei em pé, entre Mohamed e o punhal. Jeffrey estava com medo de me machucar. Eu gritava para Mohamed fugir pela janela. "Corra, corra!", gritei. Mohamed estava tão confuso que não conseguia correr. De repente, passei a pedir que Jeffrey tirasse a minha vida ao invés da de Mohamed. "Mate-me, mate-me!", implorava. "Não mate Mohamed! Por favor, Jeffrey, não! Morrerei por ele!"

Nesse momento, Mohamed saiu pela janela. Isso tudo parece ter levado uma eternidade. Jeffrey estava chegando ao ponto de querer terminar com tudo aquilo rapidamente. De alguma forma, a faca escapou de suas mãos e agarrei Jeffrey por trás com toda a minha força. Travei as minhas mãos ao seu redor para tentar manter os seus braços abaixados, e consegui dar mais alguns segundos para Mohamed sair pela janela. A janela fechou em cima dele ao tentar sair na pressa. Exatamente no momento que Jeffrey se libertou e tentou atingi-lo com o punhal. Mas Mohamed, por pouco, conseguira sair e dar a volta pelo quintal.

Jeffrey estava prevenido para o caso de Mohamed tentar escapar. Tinha furado os pneus do seu carro e colocado dois homens do lado de fora para pegá-lo se ele tentasse fugir. Contudo, de alguma forma Mohamed passou pelos homens. Correu até um campo escuro, ali perto, com sangue escorrendo dos ferimentos sofridos enquanto tentava pular pela janela.

Jeffrey correu para fora e deu uma bronca nos homens que falharam. Entrou no carro para ir atrás de Mohamed, mas o carro não ligava; a bateria estava arriada. Isso deu mais tempo para Mohamed.

Tudo o que Jeffrey tentava para causar mal a Mohamed falhava. Ele tentou desesperadamente empurrar o carro, mas não adiantou; Deus o estava segurando. Ele caiu ao chão e olhando para o céu escuro, gritou em ira: "Mestre, falhei contigo. Desculpe-me, eu falhei." Essa foi uma cena triste de se presenciar, quando Jeffrey lamentava e pedia desculpas a Satanás por falhar em executar a ordem de destruir um outro ser humano.

Agarrei Jeffrey e continuei segurando-o enquanto ele xingava os seus comparsas. Estavam com medo dele. Com toda a força que pude reunir, segurei o meu irmão e reprimi a Satanás.

A essa altura, os vizinhos já haviam chamado a polícia. Quando finalmente chegaram, perguntaram se eu gostaria de prestar queixa. Recusei, dizendo que era só um desentendimento familiar, e eles foram embora.

Após algum tempo, o carro funcionou e Jeffrey, juntamente com os seus amigos, saíram em busca de Mohamed. Orei por sua segurança e liguei para pessoas que poderiam localizá-lo e para dizer que Jeffrey o estava procurando. Mais tarde, a minha irmã ligou dizendo que ele estava na sala de emergência de um hospital sendo atendido por causa dos ferimentos. Tinha se cortado, estava machucado e havia levado alguns pontos na mão.

Várias horas depois, ainda me sentia consternada pelo ocorrido. Era quase impossível descansar. Cedo, no dia seguinte, encontrei Jeffrey na casa de um amigo. Entrei, sentei e segurei a sua mão. Os efeitos do álcool estavam passando. Ele olhou para mim, com os olhos vermelhos, sorriu discretamente e disse:

– Esmie, você tem algum tipo de poder.

Ele continuou falando que, quando entrou em minha casa, uma grande quantidade de poder deixou o seu corpo. Cristo o havia dominado junto à porta.

Disse que tentou de todas as formas atingir Mohamed, mas cada soco parecia ter sido dado com tanta leveza que não tinha efeito algum. Estava surpreso com a maneira com que pude contê-lo. Ele olhou para mim novamente e disse:

– Você tem poder! Sim, você tem poder!

– Sim, Jeffrey – respondi. – O poder de Cristo está disponível para nós sempre que precisamos.

– Toda vez que você clamava o nome de Jesus, eu me tornava mais e mais fraco até que não pude mais levantar os meus braços – ele disse. – Tentava com todas as forças, mas não conseguia.

Então ele testemunhou do grande poder vitorioso de Cristo sobre Satanás. Até mesmo os demônios são obrigados a confessar que Jesus é o Senhor.

Que vitória, que alegria temos em Cristo! Satanás não pode conquistar o mais fraco dos filhos de Deus que se apoie na força divina. Abracei o meu irmão, disse adeus e voltei para casa para ter certeza de que as crianças estavam bem e o seu pai também.

Naquela noite, refleti sobre como Deus realmente estava no controle de tudo. Ele havia respondido às minhas orações. Mohamed viu uma manifestação maravilhosa do amor de Cristo. Viu uma representação do plano da salvação, de que mesmo sendo pecadores Cristo ainda nos ama. Ele veio e Se colocou entre a lâmina da morte e nós. É o nosso Mediador e Advogado, apesar de sermos tão destituídos de amor, indignos e pecadores. Cristo nos cobre incondicionalmente com Seu amor. Diariamente, Ele suplica: "Pai, o Meu sangue foi derramado por este pecador."

Deus havia realizado através de mim algo do qual não era merecedora. O Seu amor, o Seu sacrifício foi demonstrado através de mim em um momento horrível. Que Deus maravilhoso!

Na manhã seguinte, visitei Mohamed na loja do seu pai. Ele ainda estava tremendo. Nunca fora uma pessoa de se comunicar com facilidade, e jamais me falou o que achava do que havia acontecido. Contudo, acredito que vai se lembrar para sempre da cena estranha em que clamei pela minha morte, ao invés da dele, um símbolo do que Cristo já havia feito por nós. "Ninguém tem maior amor do que este: de dar alguém a própria vida em favor dos seus amigos" (Jo 15:13).

Testemunhei uma mudança incrível em Mohamed. Foi no dia em que ele tomou coragem e foi visitar Jeffrey. Ambos se cumprimentaram com os braços abertos. De alguma forma, sem uma palavra, houve compreensão entre eles.

Jeffrey ofereceu uma refeição a Mohamed. Comeram, falaram sobre as mágoas, choraram, abraçaram-se novamente e se separaram. Por um momento, pelo menos, Mohamed foi uma nova pessoa.

22

Esperando no Senhor

Mohamed decidiu arranjar uma esposa muçulmana que combinasse com o seu estilo de vida. Queria trazer paz para a sua família finalmente, de forma que permitiu que os seus pais arranjassem o casamento.

Havíamos nos divorciado fazia vários meses. Mas ainda esperava que de alguma forma Deus mudasse o seu coração e nos unisse novamente. Mas as palavras de Mohamed vieram num tom de conclusão e chorei amargamente pela sua decisão e pela dor que as crianças estavam sentindo.

Perguntava-me se deveria esperar Mohamed mudar a sua vida e entregar-se a Deus. Tinha tomado a decisão de não me casar novamente, a não ser que ele o fizesse primeiro. O sentimento de perda era muito real. Comecei a questionar o Senhor: "Por quê? Por que tenho que perder o meu marido? Já fizeste tudo o que podia para salvá-lo e trazê-lo para perto de Ti? Será? Isso foi feito, Senhor?"

Enquanto esperava, o Senhor falou comigo, da forma que sempre fizera e continua fazendo quando estou em desesperada necessidade de ouvi-Lo. O meu Deus nunca falha. Fui conduzida por Ele até Isaías 65:1 e 2: "Fui buscado pelos que não perguntavam por Mim; fui achado por aqueles que não Me buscavam; a um povo que não se chamava do Meu nome, Eu disse: Eis-Me aqui, eis-Me aqui. Estendi as mãos todo dia a um povo rebelde, que anda por caminho que não é bom, seguindo os seus próprios pensamentos."

Parecia que Ele me dizia: "Esmie, fiz tudo o que podia para Me apresentar a Mohamed. Usei de tudo, menos a força." Esse pensamento me consolou. Mas a tristeza era tanta que me fazia imaginar como o Deus de Israel deve Se sentir quando faz tudo para alcançar os Seus filhos e eles não aceitam ser salvos. O meu coração pranteou por uma alma perdida muito especial, a do pai dos meus filhos.

A minha vida, entretanto, tinha que prosseguir, de forma que decidi voltar para a escola e me preparar para poder melhor sustentar-me e aos meus cinco filhos. O Senhor mostrou-me que Ele queria que eu seguisse a carreira de serviço social, e fiquei feliz com isso.

Ouvira falar de um curso para pais solteiros na Universidade Andrews, localizada em Berrien Springs, Michigan, nos Estados Unidos, onde me inscrevi e fui aceita. A dificuldade veio quando solicitei o visto para poder retornar aos Estados Unidos. Foi um processo cansativo, envolvendo muita burocracia. Depois de cerca de onze meses de oração e jejum e três tentativas de conseguir o visto, finalmente, recebemos a autorização.

Aterrissamos no Aeroporto J. F. Kennedy, em Nova Iorque, no dia 3 de maio de 1992, com a intenção de passar algum tempo em Connecticut, com as minhas irmãs, antes de ir para a Andrews, no outono. No caminho para Connecticut, meditei na forma como o Senhor havia me conduzido no passado. De repente, perguntei-me se Deus realmente estava me levando para Michigan e para trabalhar na área de assistência social. O meu coração começou a entrar em dúvida e desespero, até que ouvi o barulho de um ônibus passando pelo nosso carro. Quando olhei pela janela, um ônibus com grandes letras estampando "Universidade Andrews" estava nos ultrapassando.

Que Deus grande e maravilhoso é esse a quem servimos! Sabia que essa não era uma coincidência. Deus me enviara apoio, encorajamento e direção na hora em que eu necessitava tão desesperadamente.

Era como se pudesse ouvir a voz de Deus dizendo: "Irei na sua frente, endireitando o caminho." Estava certa de que Deus tinha um plano para mim e que deveria continuar confiando nEle. Louvei o Senhor pela Sua direção e pela atenção imediata que sempre me concedeu.

Um mês depois que voltei para os Estados Unidos, Mohamed casou-se novamente. Fiquei triste e desencorajada. Lamentei por algum tempo. Mas Deus me assegurou que Ele tinha planos para a minha vida e eu deveria me ocupar de alguma forma. Por seis semanas, trabalhei como obreira bíblica e cantora evangelista em Elmira, Estado de Nova Iorque. Era incrível a sensação de liberdade para testemunhar e compartilhar minha fé com outros. Como Jeremias dissera, era como fogo nos meus ossos. Por muito tempo tivera que permanecer quieta. Durante esse tempo, conheci pessoas maravilhosas e os membros da igreja foram muito generosos e apoiadores.

Apesar de ter sido aceita na Andrews, estava com dificuldade para encontrar um lugar para morar. A diretora do programa "Gênesis", o curso de formação de assistente social que eu pretendia frequentar, telefonou-me para dizer que o programa estava tendo suas vagas preenchidas rapidamente e que não era possível arrumar moradia para mim desta vez. Ela me sugeriu que planejasse começar no próximo ano. Mas essa sugestão não coincidiu com o que sentira que era o plano de Deus para mim. Falei para ela que estava seguindo a vontade do Senhor e que Ele havia me chamado para começar o programa naquele ano, e não no próximo.

Tudo parecia indicar que não seria possível começar o curso no outono. Porém, continuei orando e confiando no Senhor. Aquele que dissera: "Tudo está feito. Eu sou o Alfa e o Ômega, o Princípio e o Fim. Eu, a quem tem sede, darei de graça da fonte da água da vida" (Ap 21:6). Aquele que abriu caminho através do Mar Vermelho; o Deus que prometeu: "Dar-te-ei os tesouros escondidos e as riquezas encobertas, para que saibas que Eu sou o Senhor, o Deus de Israel, que te chama pelo teu nome" (Is 45:3).

Em Habacuque 2:3, o Senhor prometeu que "a visão ainda está para cumprir-se no tempo determinado, mas se apressa para o fim e não falhará; se tardar, espera-o, porque, certamente, virá, não tardará". Com todas essas promessas, como poderia me preocupar?

As reuniões evangelísticas estavam terminando. O batismo havia sido agendado para o último sábado, e a tenda seria desarmada na mesma noite. O meu último dia naquele trabalho seria 22 de agosto, e comecei a imaginar o que faria depois. Não recebera mais notícias da Andrews. Mas, por agora, estava ocupada, terminando os estudos bíblicos com futuros membros e preparando-os para o batismo.

Na sexta-feira, antes do batismo, recebi uma ligação da Andrews. Era do departamento responsável pelas moradias. Disseram que tinham um apartamento com três cômodos pronto para mim e que eu poderia me mudar no dia 23 de agosto. Poucos dias depois, recebi uma carta de confirmação do programa "Gênesis", dando-me as boas-vindas. Louvei o Senhor. Ele tinha tudo planejado, especificamente para cada dia. Como poderia ter duvidado dEle?

23

Conduzida Passo a Passo

O meu pastor, juntamente com sua família e alguns amigos, ofereceram-se para ajudar na mudança de Connecticut para a Universidade Andrews. Chegamos às três da manhã e rapidamente colocamos nossos pertences no apartamento; e ainda descansamos um pouco, antes do nascer do sol.

Mais tarde, no mesmo dia, os meus amigos foram embora e ficamos sozinhos. Sentia-me como se tivesse falhado, de forma que me perguntava: "O que estou fazendo aqui?" A realidade de tudo o que acontecera na minha vida nos últimos anos começou a voltar à minha mente. Estávamos no meio de uma vizinhança estranha. E, pela primeira vez, a sensação de ser total e unicamente responsável por mim mesma e pelos meus filhos pesou sobre mim.

Uma coisa que eu tinha certeza era de que o Senhor prometera cuidar de nós, e Suas promessas nunca falham. De fato, Ele enviara muitas pessoas para ser nossas amigas, e a cada dia conseguíamos nos adaptar um pouco mais. Havia muito tempo para arrumar as coisas antes que as aulas começassem e para ajudar as crianças a iniciarem bem na escola. Deus tomou muitas providências para nós e podíamos ver as obras das Suas mãos em nossa vida.

À medida que as experiências vividas na Arábia Saudita e o testemunho sobre a maneira como Deus conduziu a minha vida se tornaram conhecidos, pude ver que muitos eram encorajados pela minha história.

Comecei as aulas naquele outono. O primeiro trimestre foi desafiador. Fazia quinze anos que não assistia a uma aula, e eu estava muito insegura. Temia falhar mais do que qualquer coisa.

Uma noite, o Senhor me confortou em sonho. Vi-me do lado de fora de um prédio, olhando uma escadaria complicada. Logo vi que não conseguiria subir; era muito difícil. De repente, percebi muitos estudantes caminhando com réguas, lápis e livros, e eles começaram a subir a escada sem problemas. Olhei-os surpresa, imaginando como conseguiam fazê-lo.

Então, percebi que não estava sozinha. Havia uma pessoa alta ao meu lado, que apontava para o outro lado. Caminhava à minha frente e eu o seguia. A cada poucos passos, olhava para trás cuidadosamente para ter certeza de que eu o estava seguindo. Onde colocava as suas mãos, eu colocava as minhas; onde colocava os pés, eu colocava os meus. Cuidadosamente chegamos ao topo.

Com senso de alívio e missão cumprida observei muitos jovens recebendo condecorações e, para minha surpresa, eu era um deles. Posteriormente, vi-me em um lar muito bonito. Aquela pessoa continuava ao meu lado. Tornei-me a dona do edifício com a escadaria. Olhei pela janela e vi outra pessoa observando as escadas com o mesmo espanto que eu na primeira vez. Sorri e a encorajei, falando que eu tinha sido capaz de subir e certamente ela também conseguiria.

Acordei daquele sonho com a certeza e confiança de que o meu diploma havia quase sido entregue a mim; tudo o que tinha que fazer era perseverar. Chorei de alegria com a ideia de que Deus tinha me criado como um ser inteligente, que valia alguma coisa.

A escola continuou sendo um desafio, especialmente junto com a responsabilidade de ser uma mãe divorciada. Mas estávamos confiantes de que Deus nos conduziria em cada passo pelo caminho. Ele providenciou tudo e nos manteve fiéis.

24

Criado Para Mim

Dia após dia, enquanto via as crianças crescendo, percebia que elas precisavam de um pai amoroso. Os meus filhos precisavam de um pai bom, forte e cristão, para que fosse um exemplo de como eles poderiam ser jovens bons, fortes e cristãos; e as minhas filhas precisavam do amor que um pai cristão poderia dar. Eles nada tinham feito para merecer aquela situação de não ter um pai.

Além disso, eu também sentia falta de alguém que me amasse e cuidasse de mim e me apreciasse pela mulher que era. Analisei cuidadosamente se seria a melhor escolha ter um novo esposo e pai em nosso lar. Precisei de dois dias inteiros para chegar à conclusão de que isso seria bom para todos nós.

Passei a orar seriamente por esse motivo todos os dias. E em todos os momentos do dia. Passei a participar de um grupo de oração e pedi que as outras pessoas também orassem por isso. No meu coração, acreditava que Deus havia me preparado para um homem especial. Em minha comunhão com Deus, pedi a Ele que criasse esse homem para mim, porque sabia que não estava totalmente curada dos efeitos das experiências passadas. Sofrera imensamente e tinha alguns ferimentos emocionais profundos. Apesar daquilo, sentia que poderia oferecer muito a alguém que realmente amasse o Senhor.

Queria um homem que amasse a Deus mais do que a mim e que tivesse dedicado sua vida ao trabalho do Senhor. No meu coração, tinha a ideia de que essa pessoa seria um ministro do Senhor. Estava convencida de que tudo isso era plano de Deus para a minha vida, e sempre dialogava com Ele a respeito. Imaginava, por exemplo, o que as pessoas pensariam de uma mulher divorciada e com cinco filhos casando-se com um pastor. Imaginava também que tipo de impacto a minha experiência do passado teria no seu ministério e como isso afetaria a sua imagem. Conversava com Deus constantemente, expressando as minhas preocupações. Ele me confortava dizendo que poderia pedir qualquer coisa em Seu nome, de acordo com a Sua vontade, e a receberia. Ele me fez ver que o meu divórcio fora resultado de uma batalha espiritual e me assegurou que Ele estaria comigo e me guardaria.

Com essa certeza, passei a pedir a Deus especificamente que me mandasse um pastor. Senti o chamado específico para ser esposa de pastor. Precisava de alguém com quem pudesse conversar num nível espiritual; que pudéssemos dialogar sobre lindos temas espirituais.

O jejum passou a fazer parte da minha vida de oração. Continuei orando e jejuando pelo meu esposo. Pela fé, determinei a data do meu casamento para junho de 1993. Agora era outubro e eu precisava encontrar o meu marido logo para dar tempo de nos conhecermos bem, antes do casamento.

Certa manhã, enquanto conversava com o Senhor, lembrei-Lhe de que não havia muito tempo mais antes do meu casamento, em junho, e implorei que fizesse algo rapidamente. Quando me levantei, ouvi-O dizer: "Você o conhecerá hoje mesmo."

Durante todo o dia, senti certa expectativa, mas não houve nenhum cavaleiro em armadura brilhante que cruzasse o meu caminho, e o dia foi chegando ao seu fim. Contudo, eu ainda tinha mais um compromisso – o ensaio para uma dramatização. Fiquei pensando a respeito do homem que seria o coadjuvante. Eu tinha perguntado sobre ele, mas me disseram que estava cursando computação. Obviamente, não era o homem para mim. Estava na área errada. "Sem esperanças", pensei.

No entanto, já que essa era a última oportunidade naquele dia para encontrar o homem com quem me casaria, cuidei da maneira pela qual me apresentaria, antes de sair do apartamento. Afinal de contas, quem sabia quais as pessoas que estariam no ensaio? O cabelo, rosto e roupa estavam arrumados. Apesar de todos os problemas, algo de que sempre procurei cuidar foi da aparência. Firmemente acredito que, não importa o teste, como cristãos devemos sempre fazer o nosso melhor para demonstrar saúde e asseio em nossa aparência.

Quando cheguei ao ensaio, comecei a passar a minha parte. Cerca de meia hora depois, o jovem que tinha de contracenar comigo entrou. Não nos conhecíamos. Olhei para ele, enquanto vinha pelo corredor. Era um espécime diferente. E muito bonito também. E veio à minha mente: "Está cursando computação; que desperdício!" Quase instantaneamente outro pensamento surgiu: "Senhor, Tu achas que poderias chamá-lo para o ministério, antes de ele se formar?"

O chamado para começarmos o ensaio interrompeu os pensamentos. Era hora de me concentrar nas falas. A encenação era sobre Adão e Eva, desde o início da criação. Eu era Eva e ele, Adão. Assisti enquanto ele estava sendo criado do pó e lembrei-me da oração a Deus: "Senhor, cria um homem para mim." Senti uma conexão espiritual com as orações, enquanto ensaiávamos as cenas da criação. E, naturalmente, a "química" estava certa.

Quando saímos do palco, após o ensaio, percebi que ele estava impressionado com a minha atuação. Ele pediu conselho sobre como fazer a parte dele. Enquanto conversávamos, percebi que era uma pessoa muito amável; mas tudo que me vinha à mente era o curso de computação, e que ele não era para mim.

Na saída, apresentamo-nos um ao outro, meio atrasados. Ele me perguntou o que eu estudava e disse que era assistência social. E disparei a mesma pergunta para ele. As palavras saíram de sua boca pausada e claramente.

– Teologia – ele respondeu.

A conexão espiritual estava completa. O que aconteceu nos próximos momentos não consigo me lembrar. O meu coração rendeu louvores a Deus, agradecendo-Lhe o meu esposo.

Naquele momento, Arthur não sabia o que Deus e eu sabíamos. Deus me dissera na devoção pessoal daquela manhã que encontraria o meu esposo antes do final do dia. Era por isso que a "química" estava correta. E essa foi a razão pela qual a conexão espiritual foi tão intensa quando vi o meu esposo ser criado para mim na cena da criação.

Flutuei em direção ao meu apartamento, caminhando em uma nuvem, naquela noite. Os meus pés pareciam não tocar o chão. Estava começando a me sentir como uma mulher completa novamente. E para ter certeza de que estaria pronta para o casamento em junho, comecei a ler tudo que encontrava sobre namoro cristão. Queria saber o máximo que pudesse sobre os papéis e responsabilidades de um marido e de uma esposa num lar cristão.

25

A Noiva de Junho

Passei a maior parte do mês de outubro ensaiando, preparando e produzindo a dramatização. Disse poucas coisas para Arthur que não estivessem relacionadas com a peça.

Em certa ocasião, convidei vários membros do elenco, incluindo Arthur, para jantar em casa. Meus filhos apaixonaram-se por ele. Davam-se muito bem, e sem muito esforço ele parecia sentir-se em casa e confortável com eles.

A última performance da encenação foi tremenda. Após o espetáculo, Arthur convidou-me para ir até o seu apartamento na manhã seguinte, para o desjejum. Quando cheguei, a mesa estava especialmente arrumada e ele me serviu um desjejum delicioso – que jamais esquecerei.

Nossa amizade estava estabelecida. Conversamos sobre o Senhor a maior parte do tempo; podíamos compartilhar pensamentos espirituais em um nível que beneficiava a ambos. Perguntei o que causara a decisão de entrar para o ministério; queria ter certeza de que o Senhor realmente o havia chamado. Depois de ouvir a sua história, não tive dúvidas.

Arthur ligava para mim todas as manhãs; líamos as Escrituras e fazíamos o culto juntos, pelo telefone, antes de começarmos o dia. Elogiávamos um ao outro por todas as coisas; aquilo era muito bom para ser verdade!

À medida que o tempo passava, comecei a ficar impaciente com o Senhor. Arthur ainda não me havia pedido em casamento. E aqui o Senhor estava me mostrando um homem que verdadeiramente amava a Deus mais do que a mim, porque ele se recusava a tomar uma decisão sobre algo sagrado como o casamento, sem antes ouvir o Senhor. E não era isso que eu havia pedido a Deus? Louvei-O por responder à minha oração tão claramente. Decidi esperar pacientemente no Senhor até que Arthur confirmasse aquilo que Ele já havia confirmado para mim. Essa não era uma decisão que poderia ser tomada sem muita consideração. Arthur tinha muitas coisas para considerar: finanças, crianças (cinco, para ser exata!), o fato de que eu havia sido casada e muito mais.

Um pouco mais de três meses após nos conhecermos, Arthur pediu-me em casamento, no dia 22 de janeiro de 1993, mas somente depois de ele ter recebido do Senhor confirmação após confirmação. Posteriormente, eu soube que ele havia agonizado com o Senhor em relação a essa decisão e tinha recebido respostas definidas em favor de nossa união. Casamo-nos no dia 6 de junho de 1993.

Estávamos nas nuvens, como se diz; mas isso era mais do que força de expressão, no nosso caso. Continuo a maravilhar-me pela maneira como Deus Se envolve com os assuntos humanos a ponto de parar para ouvir e responder às orações dos Seus filhos. Compreendi como é importante que Deus escolha o parceiro da nossa vida. Sou uma testemunha de que os caminhos do Senhor são sempre os melhores. Tentei das duas formas e a Sua escolha foi absolutamente melhor que a minha. Ele sempre nos dá tudo, e muito mais do que pedimos.

Arthur é um pai maravilhoso para os meus filhos. Eles o chamam de papai. É amoroso, paciente e bondoso. Amamo-nos verdadeiramente. Agradeço a Deus por criá-lo exatamente para mim.

Epílogo

É novembro de 1997. Arthur e eu estamos casados há quatro anos, e passaram-se seis anos desde o meu divórcio de Mohamed. Arthur e eu nos formamos na Universidade Andrews, Arthur com um Mestrado em Divindade e eu com um Mestrado em Assistência Social. Deus é maravilhoso. Nossos filhos estudam em escolas cristãs; é uma luta, mas acreditamos na educação cristã.

Os filhos podem visitar Mohamed todos os verões. Ou ele pode vir e ter contato com os filhos. Eles são verdadeiras testemunhas de Cristo para o seu pai. Mohamed tem uma esposa, faz cinco anos, e uma filha de 3 anos de idade. Dou graças a Deus pela minha vida nova, pela segunda chance e pelo Seu perdão.

Meu irmão Jeffrey morreu no dia 26 de abril de 1997. Morreu em Cristo e agora espera o grande dia do retorno de Jesus.

Minha mensagem para minha família e irmãos em Cristo é esta:

Meus filhos queridos, eu amo vocês mais do que jamais saberão, e daria a minha vida por vocês. Não posso esperar para que vocês vejam a Jesus e os sinais no céu, que tanto temos aprendido. Vocês perceberão ainda mais que toda a dor, sofrimento e sacrifícios pelos quais passaram por Jesus foram válidos e vocês não deveriam ter seguido por quaisquer outros caminhos. Agora que já são adultos e jovens, poderão ir a Jesus por vocês mesmos e conservá-Lo no coração. Não tenham medo do futuro, a menos que se esqueçam da maneira como Deus os conduziu no passado.

Meus irmãos e irmãs (incluindo cunhados e cunhadas), obrigada pelo seu amor, apoio e orações. Minha cunhada especial, Merlene, amo você e lhe agradeço por ter sido um pilar de forças para mim.

Meus irmãos e irmãs ao redor do globo, minha igreja em Gloucester, Inglaterra, e Faith Church, em Hartford, Connecticut, Estados Unidos, obrigada pelas orações e pelo carinho.

Aos amigos que se preocuparam, escreveram e encorajaram-me na Arábia, serei devedora para sempre. Obrigada!

Minha querida mãe, você é uma grande mulher, uma verdadeira mãe em Sião. Aprendi muito do seu exemplo. Obrigada pelas suas orações e por confiar!

Ao meu esposo, Arthur, obrigada pelo seu amor e apreciação que tem sempre manifestado por mim. É tão bom ter ao meu lado alguém que ama ao Senhor tanto quanto eu e verdadeiramente se esforça para ver a nossa família no reino dos Céus. Você é um verdadeiro sacerdote em nosso lar. Agradeço a Deus por você diariamente.

Obrigada, meu Deus, por me amar tanto e ter paciência comigo. Fica comigo para sempre, porque estamos apenas começando esta caminhada juntos pela estrada estreita que nos leva ao Teu reino. Mantém-me sempre fiel, para que depois de ter dado este lindo testemunho eu não venha desgarrar-me... Ó Senhor, tem misericórdia de mim.

Confie firmemente nas promessas de Deus
Ainda que Caiam os Céus
Mikhail P. Kulakov e Maylan Schurch
Uma fé sólida e inabalável. Isso era tudo o que o jovem Mikhail Kulakov possuía.
O governo comunista soviético lhe tirara a profissão, a família e a liberdade. Seu crime? Servir fielmente a Deus ou, nas palavras da KGB, promover "atividades antissoviéticas".
Ele foi preso, interrogado e condenado a cinco anos em campos de trabalho forçado. Todavia, nem mesmo a perspectiva de banimento perpétuo numa remota vila da Sibéria o impediu de confiar firmemente nas promessas de Deus... Ainda que os céus caíssem.
Mikhail P. Kulakov e Maylan Schurch
AINDA QUE CAIAM OS CÉUS
A DRAMÁTICA HISTÓRIA DE UM PASTOR QUE SOBREVIVEU AO REGIME SOVIÉTICO
CPB
Mais que leitura, inspiração!
0800-9790606*
SELS • CPB Livraria • www.cpb.com.br
*Horários de atendimento: Segunda a quinta, das 8h às 20h
Sexta, das 8h às 15h45 / Domingo, das 8h30 às 14h
Carlos Souza / Imagem: Shutterstock

Um homem e sua família sobrevivem em meio às atrocidades cometidas pelos nazistas
MUNDY E SCHURCH
SUSI HASEL MUNDY
MAYLAN SCHURCH
MIL CAIRÃO AO TEU LADO
A emocionante história de um soldado e sua família que ousaram viver sua fé na Alemanha de Hitler
Mil Cairão ao Teu Lado
Susi Hasel Mundy e Maylan Schurch
Franz Hasel, um pacifista de quarenta anos, foi convocado e enviado para a Companhia Pioneira 699, a tropa de elite de Hitler que construía pontes na linha de frente. Em poucos anos, ele e sua família passaram por inúmeros perigos. Enquanto milhares ao redor morriam como vítimas da guerra, eles foram carregados nas asas dos anjos – algumas vezes, literalmente. Esta é a história verdadeira e tocante de uma família que escolheu ser fiel a qualquer custo e encontrou refúgio à sombra do Todo-Poderoso.
Carlos Souza / Imagem: Shutterstock
CPB
Mais que leitura, inspiração!
You Tube
0800-9790606*
SELS • CPB Livraria • www.cpb.com.br
*Horários de atendimento: Segunda a quinta, das 8h às 20h
Sexta, das 8h às 15h45 / Domingo, das 8h30 às 14h